中国旅游发展年度报告书系
Annual Development Report of China's Tourism

中国国内旅游发展年度报告 2021

ANNUAL REPORT OF CHINA DOMESTIC TOURISM DEVELOPMENT 2021

中国旅游研究院 著

北京·旅游教育出版社

图书在版编目（CIP）数据

中国国内旅游发展年度报告．2021 / 中国旅游研究院著．-- 北京：旅游教育出版社，2022.4
ISBN 978-7-5637-4395-7

Ⅰ.①中… Ⅱ.①中… Ⅲ.①国内旅游－旅游业发展－研究报告－中国－2021 Ⅳ.①F592.3

中国版本图书馆CIP数据核字(2022)第053255号

中国国内旅游发展年度报告2021
中国旅游研究院　著

责任编辑	郭珍宏
出版单位	旅游教育出版社
地　　址	北京市朝阳区定福庄南里1号
邮　　编	100024
发行电话	（010）65778403　65728372　65767462（传真）
本社网址	www.tepcb.com
E - mail	tepfx@163.com
排版单位	北京旅教文化传播有限公司
印刷单位	北京中科印刷有限公司
经销单位	新华书店
开　　本	787毫米×1092毫米　1/16
印　　张	5.25
字　　数	67千字
版　　次	2022年4月第1版
印　　次	2022年4月第1次印刷
定　　价	55.00元

（图书如有装订差错请与发行部联系）

《中国国内旅游发展年度报告2021》编委会

主　任　戴　斌
副主任　李仲广　唐晓云
编　委（按姓氏音序排序）
　　　　戴　斌　　何琼峰　　李仲广　　马仪亮　　宋子千
　　　　唐晓云　　吴丰林　　吴　普　　杨宏浩　　杨劲松

《中国国内旅游发展年度报告2021》编写组

主　编
黄　璜　中国旅游研究院规划与休闲研究所副研究员、博士
编辑部成员（按姓氏音序排列）
边　蕊　　郭　娜　　黄　璜　　李鹏鹏　　李　雪
王志燕　　吴丰林　　于洪蕾

前　言

2020年，面对新冠肺炎疫情冲击和错综复杂的国际国内形势，我国旅游需求侧出现了断崖式下跌，旅游供给侧同时承受生存、创新、转型等多重压力。全年国内游客28.8亿人次，比上年下降52.1%。国内旅游收入22 286亿元，下降61.1%。随着决战决胜脱贫攻坚和全面建成小康社会等目标的实现，以及国民经济和社会发展第十四个五年规划的正式实施，中央经济工作会议确定的需求侧管理和供给侧改革效果明显，旅游经济将从全面复工复业走向消费、投资全面复苏。通过全面释放国内旅游需求，加快形成以国内大循环为主体、国内国际双循环相互促进的旅游经济新发展格局。依托强大国内旅游市场，贯通生产、分配、流通、消费各环节，形成文化和旅游良性循环。通过完善扩大旅游市场的政策支撑体系，形成需求牵引供给、供给创造需求的更高水平动态平衡。

目 录
CONTENTS

第一章 国内旅游发展状况与展望 ········· 1
  一、2020 年国内旅游发展的总体情况 ········· 2
  二、2021 年国内旅游发展的趋势展望 ········· 7

第二章 国内旅游市场特征 ········· 9
  一、国内旅游发展总体特征 ········· 10
  二、国内旅游客源市场特征 ········· 15
  三、国内旅游目的地区域特征 ········· 20
  四、城乡旅游者行为特征 ········· 23
  五、国内旅游新消费典型案例 ········· 31

第三章 国内旅游产业特征 ········· 35
  一、国内旅游目的地产业要素特征 ········· 36
  二、国内旅游目的地产业发展特征 ········· 56
  三、绿色发展对文旅产业产生重要影响 ········· 59
  四、绿色旅游创新发展典型案例 ········· 59

第四章 国内旅游流动特征 ········· 63
  一、国内旅游客流分析 ········· 64

二、重大交通工程的旅游影响展望……………………………………65
　　三、交旅融合发展典型案例……………………………………………66

第五章　国内节假日旅游特征……………………………………………69
　　一、国内节假日旅游发展特征…………………………………………70
　　二、扩大节假日消费典型案例…………………………………………72

第一章
国内旅游发展状况与展望

一、2020 年国内旅游发展的总体情况

2020年，尽管受到新冠肺炎疫情影响，我国旅游消费出现了负增长趋势，但在 2020 年下半年我国旅游经济进入疫情防控常态下全面复工复产复业新阶段。2020 年全年国内旅游人数 28.8 亿人次，比 2019 年同期下降 52.1%。国内旅游收入达 2.23 万亿元，较 2019 年同期下降 61.1%。

（一）国家政策方针

2020 年在旅游市场、旅行社、景区等行业管理，以及乡村旅游可持续发展等方面都出台了一系列规范政策，为我国旅游业的深度发展做出了重大贡献。

1. 国家层面政策方针

我国经济向高质量发展，产业结构向现代服务业转型优化，文化消费与旅游消费正在成为经济发展新动能。文化产业与旅游业在高质量发展战略目标的要求下，进入了提质增效的新阶段。

2020 年 1 月，农业农村部、中央网络安全和信息化委员会办公室印发的《数字农业农村发展规划（2019—2025 年）》提到，实施"互联网＋"农产品出村进城工程，全面打通农产品线上、线下营销渠道，推动人工智能、大数据赋能农村实体店。同时，鼓励发展智慧休闲农业平台，完善休闲农业数字地图，引导乡村旅游示范县、美丽休闲农村（渔村、农庄）等开展在线经营，推广大众参与式评价、数字创意漫游、沉浸式体验等经营新模式。

2020 年 2 月，农业农村部印发的《2020 年乡村产业工作要点》提到，要建设休闲农业重点县、培育休闲旅游精品、推荐休闲旅游精品景点线路，从这三个方面入手积极发展乡村休闲旅游。

2020 年 7 月，农业农村部印发的《全国乡村产业发展规划（2020—2025 年）》提到，到 2025 年，乡村旅游业优化升级，年接待游客人数将会超过 40 亿人次，经营收入超过 1.2 万亿元。规划中还提到要建设城市周边休闲旅游区、自然风景区、周边乡村休闲旅游区、民俗民族风情乡村休闲旅游区、传统农渠乡

村休闲旅游景点等。乡村休闲旅游坚持以个性化、特色化为发展方向，开发形式多样、独具特色、个性突出的乡村休闲旅游业态和产品。

2020年12月，国务院发布《国务院办公厅关于促进养老托育服务健康发展的意见》，意见中指出要促进康养融合发展。支持面向老年人的健康管理、预防干预、养生保健、健身休闲、文化娱乐、旅居养老等业态深度融合。发挥中医药的独特优势，促进中医药资源广泛服务老年人群体。

2. 文化和旅游行业政策

2020年1月24日，文化和旅游部办公厅印发《关于全力做好新型冠状病毒感染的肺炎疫情防控工作 暂停旅游企业经营活动的紧急通知》，各地博物馆、景区等相继采取了闭馆、停业等措施，多项原定于春节期间推出的文化展览因疫情影响而临时取消。

2020年2月，文化和旅游部资源开发司印发《旅游景区恢复开放疫情防控措施指南》。该指南进一步精准指导全国旅游景区统筹协调疫情防控与复工复产工作，积极稳妥推进景区有序开放。

2020年2月，为落实中央关于统筹推进新冠肺炎疫情防控和经济社会发展工作的有关精神，文化和旅游部公共服务司印发《公共图书馆、文化馆（站）恢复开放工作指南》。该指南包括了加强员工健康监测和管理、做好场馆防控工作、加强对群众进出场馆的管理和服务等五个方面的16条措施。

同月，文化和旅游部颁布了《关于暂退部分旅游服务质量保证金支持旅行社应对经营困难的通知》，该通知要求：暂退范围为全国所有已依法交纳保证金、领取旅行社业务经营许可证的旅行社，暂退标准为现有交纳数额的80%。

2020年7月，文化和旅游部印发《文化和旅游部办公厅关于统筹做好乡村旅游常态化疫情防控和加快市场复苏有关工作的通知》。随着国内疫情防控形势持续向好和各项支持政策效应逐步显现，旅游市场逐渐恢复，旅游消费日益升温。按照党中央、国务院关于统筹推进常态化疫情防控和经济社会发展工作的决策部署，在旅游领域全面贯彻"外防输入、内防反弹"的总体防控策略，在此基础上，加快推进市场复苏。

2020年8月，文化和旅游部发布了《在线旅游经营服务管理暂行规定》。该规定对在线旅游经营管理各方面都提出了明确要求，使得通过互联网等信息网络为旅游者提供包价旅游服务或者交通、住宿、餐饮、游览、娱乐等单项旅游服务的经营活动更加规范化运行。

2020年11月，文化和旅游部、国家发展改革委等十部门联合印发《关于深化"互联网+旅游"推动旅游业高质量发展的意见》，提出优化"互联网+旅游"营商环境，以数字赋能推进旅游业高质量发展。通过互联网有效整合线上线下资源，创新营销方式，促进各类旅游市场主体与互联网平台合作，利用大数据等手段，切实提高旅游营销传播的针对性和有效性。以互联网为代表的现代信息技术持续更新迭代，为旅游业高质量发展提供了强大动力。

2020年11月，文化和旅游部印发了《文化和旅游部关于推动数字文化产业高质量发展的意见》。该意见中提到加快发展新型文化企业、文化业态、文化消费模式，改造提升传统业态，提高质量效益和核心竞争力，健全现代文化产业体系，围绕产业链部署创新链、围绕创新链布局产业链，促进产业链和创新链精准对接，推进文化产业"上云用数赋智"，推动线上线下融合，扩大优质数字文化产品供给，促进消费升级，实施文化产业数字化战略，推动数字文化产业高质量发展。

3. 非物质文化遗产相关进展

2020年9月，文化和旅游部印发《关于深化"放管服"改革促进演出市场繁荣发展的通知》，以深化演出市场"放管服"改革为切入点，进一步优化营商环境，增强企业发展内生动力，更好地满足人民群众多样化、多层次的精神文化需求。该通知要求各级文化和旅游行政部门审核把关关于重大革命、历史等题材的相关内容。加强对重点演出类型的监管，如音乐节庆类演出活动、沉浸式演出、小剧场演出、旅游演艺以及在现场音乐厅（Live House）举办的营业性演出活动。

2020年，"太极拳""送王船"项目成功列入联合国教科文组织人类非物质文化遗产代表作名录。同年，我国试点设立近40家非遗曲艺书场，河洛文化、景德镇陶瓷文化生态保护实验区，举办第六届中国非遗博览会、2020年"文化和自然遗产日"非遗宣传展示活动、"全国非遗曲艺周"、"非遗过大年 文化进万家"活动，支持各地举办"非遗购物节"、杭州工艺周、中国纺织非遗大会等品牌活动。

（二）客源市场发展情况

2020年受新冠疫情影响，我国旅游市场明显萧条，居民旅游消费需求被大规模遏制。2020年下半年，随着人口流动限制逐渐放开，旅游经济进入疫情防控常态情境下的全面复工复产复业新阶段。

2020 年度国内旅游人数 28.79 亿人次，比上年同期减少 31.27 亿人次，下降 52.1%。其中，城镇居民出游 20.65 亿人次，下降 53.8%；农村居民出游 8.14 亿人次，下降 47.0%。城镇居民的全年出游人次大约是农村居民出游人次的 2.5 倍。

2020 年度国内旅游收入 2.23 万亿元，比上年同期减少 3.50 万亿元，下降 61.1%。其中，城镇居民出游花费 1.80 万亿元，下降 62.2%；农村居民出游花费 0.43 万亿元，下降 55.7%。国内旅游每次出游人均花费 774.14 元，比上年同期下降 18.8%。其中，城镇居民每次出游人均花费 870.25 元，下降 18.1%；农村居民每次出游人均花费 530.47 元，下降 16.4%。

截至 2020 年底，我国旅游市场处于"U"形走势的右侧上升线。民众在长时间的出行限制"松绑"之后出现"报复性反弹"现象以及众多旅游企业通过大幅度让渡利润的方式来重新"激活"市场。7 月恢复跨省旅游后，出游半径变大，人均停留天数变长，旅游出行活动从此前的大幅度缩减逐渐开始回暖，并给行业和企业带来了数轮增长高峰。

尽管复苏速度有限，但在文化和旅游部、国家发展改革委等十部门联合印发的《关于深化"互联网＋旅游"推动旅游业高质量发展的意见》中提到，到 2022 年全国旅游接待总人数和旅游消费将恢复至新冠疫情前水平。总体来说，在常态化疫情防控背景下，我国旅游市场正在逐步恢复，国内旅游发展的潜在空间广阔。

（三）目的地发展情况

从全国旅游景区资源情况来看，东部区域旅游景区资源最为丰裕，拥有全国 34.77% 的旅游景区资源。其次是西部区域，拥有全国 34.18% 的旅游景区资源。中部和东北区域则分别拥有 22.09% 和 8.96%。2020 年受新冠肺炎疫情影响，游客更加倾向"去人少一点的地方旅游"。西北等开阔区域因其地域辽阔、旅游资源丰富而受到人们的青睐。特别是在出境旅游受到限制后，部分中高消费群体转向西部生态和自驾旅游目的地。2020 年国庆期间，西宁、丽江、三亚和拉萨机场计划执飞航班分别同比增长了近 38.6%、29.2%、22.5% 和 22.8%。青海、甘肃、云南和海南等地区成为最受欢迎的租车游目的地。出游意愿方面，2020 年东中西三大区域客源地潜在出游力分别为 60%、26%、14%，相较于长期存在的 7∶2∶1 三级阶梯状分布格局，继续呈现收敛趋势。

根据中国旅游研究院（文化和旅游部数据中心）的数据显示，2020 年我国的国庆节、中秋节八天假期内，游客平均出游半径达 213.0 公里，目的地平均游憩半径为14.2公里，出游半径较劳动节和端午节假期增长56%以上。选择"国内疫情形势好转，国内中长线旅游变为省内游或近程游"的游客达35.8%，跨省游的比例达29.1%，出行距离300公里以内的占比83.5%，不少人在假期中段返程后二次短途出游和多次本地休闲。

（四）旅游市场特征[①]

1. 旅游市场有序恢复

为人民、守底线、谋振兴，旅游抗疫成效显著。为贯彻落实习近平总书记"把人民群众生命安全和身体健康放在第一位"的重要指示精神，在科学研判疫情与旅游关系的基础上，文化和旅游部从春节假期第一天就开始采取果断措施，将工作重心从"保障供给，繁荣市场"转向"停组团、关景区、防疫情"。特别是直接面向游客的旅行社和OTA，承受了巨大的财务压力。携程、飞猪等平台商率先推出"无损退订"，凯撒、春秋、众信、广之旅等旅行商也为保障游客的合法权益做了大量的工作。

随着新冠疫苗研发的不断推进、公共卫生措施的正确应用，疫情在得到缓解的同时，旅游业复工、复产也在按序推进。

中国旅游研究院专项调查显示，2020年，旅游经济运行季度综合指数分别为68.95、75.69、78.47和85.32，同比下降但环比稳步回升。全年旅游企业家信心指数逐季上扬，第一季度为56.83、第二季度为68.33、第三季度为73.68、第四季度为81.06，始终处于荣枯线上方，成为疫情防控成效的晴雨表。旅游市场有序复苏是业界共同努力的结果。

2. 科技推动旅游发展

信息化、数据化时代来临，"预约、限量、错峰、有序"成为旅游出行新常态。通过多渠道、分时段，完善预约机制，通过流量监测和数据分析加强预警提示，切实提高管理效能，旅游治理水平显著提升。

数字技术将现实引入虚拟，旅游目的地从线下走上云端，数字文旅成为游客旅游消费新场景。运用大数据、短视频、直播、虚拟现实等手段，创新文旅消费场景，引导和培育网络消费、定制消费、智能消费等消费新热点、新模式。直播催生的"云旅游"丰富了居民日常旅游休闲活动，足不出户即可游览祖国大好河山，满足了旅游消费对内容的需求。互动式、沉浸式旅游直播丰富了目

[①] 中国旅游研究院《2020—2021年中国国内旅游发展分析与展望》。

的地和旅游吸引物的消费场景，游客游憩空间得以拓展。

在2020年的国庆中秋长假期间，超过94%的5A级旅游景区实施分时预约制度，82.8%的游客不同程度体验了预约。通过实施"分时预约，能约尽约"的原则，改变传统的景区门票分销模式，推动门票预约成为旅游景区常态化的管理手段。目前"无预约不出游"已经成为游客普遍共识。

扫码入园、刷脸通行、无接触服务等数字技术在行程安排、游客分流等方面发挥积极作用。数字技术支撑下的智慧旅游在疫情期间保障游客出游权利和出游安全，满足游客旅游消费需求兼顾疫情防控要求。

3. 自驾游、康养游、红色游等新业态发展潜力加速释放

2020年，避暑旅游、冰雪旅游、红色旅游、夜间旅游、亲子旅游、美食旅游、研学旅游、自驾旅游等新型消费需求潜力加速释放。自驾出游方式选择比例达近年新高，其中清明假期游客自驾出游比例超过七成。避暑游、冰雪游在疫情期间发展韧性更足。近年，红色旅游深受游客喜爱。各地运用好红色旅游经典景区、爱国主义教育基地等资源，推出一系列红色旅游精品线路，吸引大量游客前往。各地通过挖掘红色精神内涵，扩大红色文化传播，持续提升红色旅游的政治效益和社会效益。

二、2021年国内旅游发展的趋势展望

（一）发展趋势

1. "十四五"开局营造良好发展环境

2021年是"十四五"开局之年。旅游业逐步恢复，旅游企业生产经营向好，旅游业投资保持恢复势头。

（1）旅游企业预期继续改善。旅游业有望延续恢复性增长态势。但是，国内疫情防控压力犹存，接触性、聚集性旅游消费恢复相对滞后，旅游业恢复不平衡、基础不牢固等问题仍较明显。

（2）旅游新业态加速演进。线上化、数字化加速向更多旅游业场景延伸。旅游大数据平台、智慧旅游公共服务、云旅游平台、线上数字化体验、沉浸式旅游场景等加速发展。

（3）"七普"数据释放积极因素。我国有14亿人口，有4亿多中等收入群体，人口受教育程度明显提高，人口流动集聚的趋势更加明显，人口数量红利

在向人口质量红利转换，作为世界最大的国内旅游市场具有巨大发展潜力。

（4）"一老一小"成为市场热点。我国少儿人口和老年人口比重双双上升。在生育政策潜力充分释放的同时，老龄化已成为我国的长期基本国情。研学旅行、亲子旅游、老年旅游、康养旅居等具有广阔市场前景。

（5）幸福产业与旅游深度融合。人民群众对美好生活的品质化、便利化、定制化需求不断提升，旅游与文化、体育、健康、养老等幸福产业进一步融合发展。

（6）碳中和催生绿色旅游发展。实现"双碳"目标带来旅游产业的结构调整和发展转型，将促进生态旅游、绿色旅游、低碳旅游等发展。

2. 2021年国内旅游发展相对乐观

2021年国内旅游市场全面复苏，旅游经济预期相对乐观。但也要看到，境外疫情输入压力依然较大，局部地区零星散发疫情仍有发生，旅游市场复苏仍存在不确定因素。预计2021年旅游经济呈阶梯形复苏、波动式回暖态势。

中国旅游研究院国家旅游经济监测与预警课题组预测，2021年国内旅游人数将达到39.15亿人次，国内旅游收入将达到3.31万亿元，同比分别上升36%和48%，分别恢复至2019年同期水平的65%和58%。

（二）政策建议

深入贯彻十九届五中全会精神和《中共中央关于制定国民经济和社会发展第十四个五年规划和二〇三五年远景目标的建议》相关要求，进一步明确旅游的文化属性和产业特性，既要抓好文化和旅游融合发展，更要推进旅游业高质量发展。

持续推进文化和旅游融合发展，满足城乡居民旅游休闲新需求。结合新型城镇化和新农村建设，引导各级政府和各类企事业单位，进一步下沉市场，挖掘"小镇青年"的消费潜力，拓展现代旅游业市场基础。

要充分发挥公共文化、文化产业、国家文化公园对旅游业的带动作用，促进"旅游+""+旅游"的市场转化和项目落地，满足全面小康时代的国民旅游休闲权利。进一步释放促进旅游业发展信号，加大政策引导，建设以人民为中心的旅游发展体系。对地方旅游发展进行分类指导，形成可复制、可推广的经验。无论是文化产业、文化事业还是旅游业，都要以人民的文化权益和旅游权利为中心，回归国民休闲，回归大众旅游，从项目、产品和服务上切实把文化和旅游融合在一起。

第二章
国内旅游市场特征

一、国内旅游发展总体特征

（一）国内旅游总体规模下降

1. 国内旅游市场规模减半

2020年，受到新冠肺炎疫情严重冲击和错综复杂的国际国内形势影响，我国旅游经济下滑明显。根据国家统计局的国内旅游抽样调查结果，2020年全年国内旅游人数28.8亿人次，比上年同期下降52.1%。其中，城镇居民20.7亿人次，占比71.88%，下降53.8%；农村居民8.1亿人次，占比28.12%，下降47.0%（图2-1）。国内旅游收入2.2万亿元，较上年同期下降61.1%。其中城镇居民花费17 967亿元，占比80.62%，下降62.2%；农村居民花费4320亿元，占比19.38%，下降55.7%。

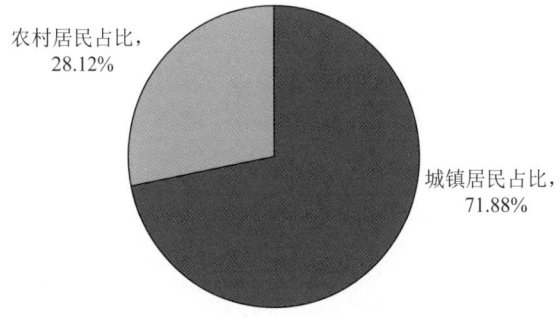

图 2-1　2020年国内旅游人数城镇和农村居民占比

2. 国内旅游市场总体出现下降

从近五年国内旅游市场的发展规模来看（图2-2），无论是旅游收入还是旅游人数都受2020年新冠疫情影响出现下降。其中旅游收入方面，国内旅游市场收入规模从2016年的3.90万亿元下降到2020年2.23万亿元，下降幅度为42.82%。而在旅游人数方面，五年间我国国内旅游人数从2016年的44.4亿人次下降到2020年的28.8亿人次，下降幅度为35.14%。

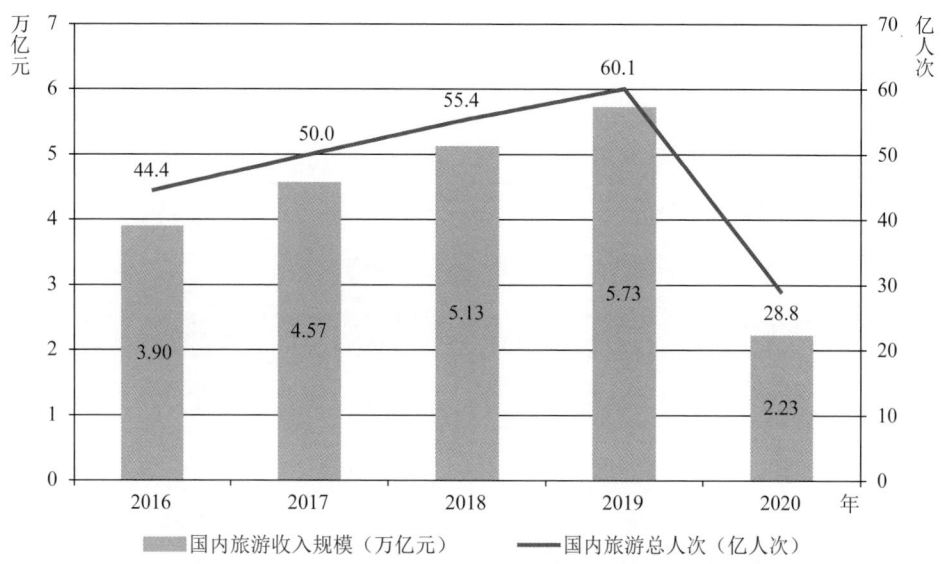

图 2-2　近五年国内旅游接待量和收入规模的变化

从近 5 年国内旅游市场规模年度增长幅度来看（图 2-3），无论是旅游收入还是旅游人数，在 2016—2019 年间总体规模保持平稳增长态势。其中，2016—2017 年增长速度较快，2017—2019 年的增长速度则有所回落。2020 年之后总体规模受疫情影响呈现负增长。

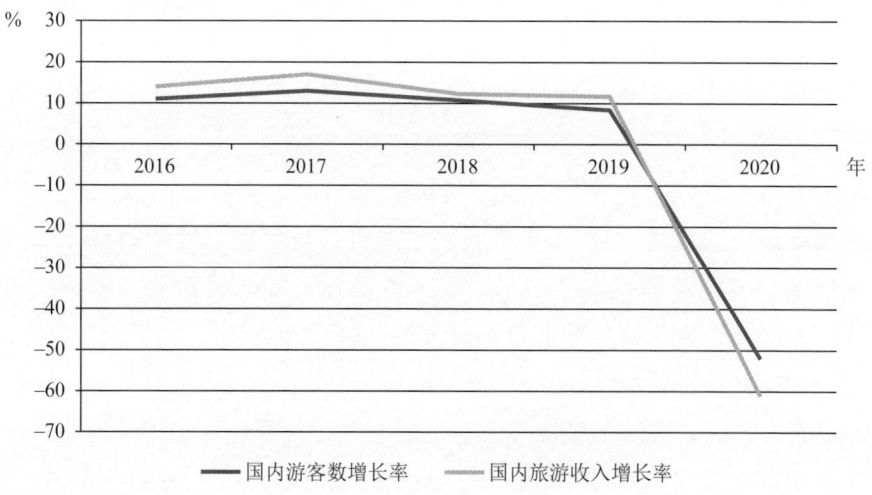

图 2-3　近五年国内旅游市场增长率

2020年文化和旅游部通过积极争取纾困政策、指导地方用足用好政策、抓好项目建设、推动产业创新发展、加大金融支持产业高质量发展等措施，推动旅游业复苏取得显著成效，国内旅游呈现分季度降幅收窄趋势（图2-4）。

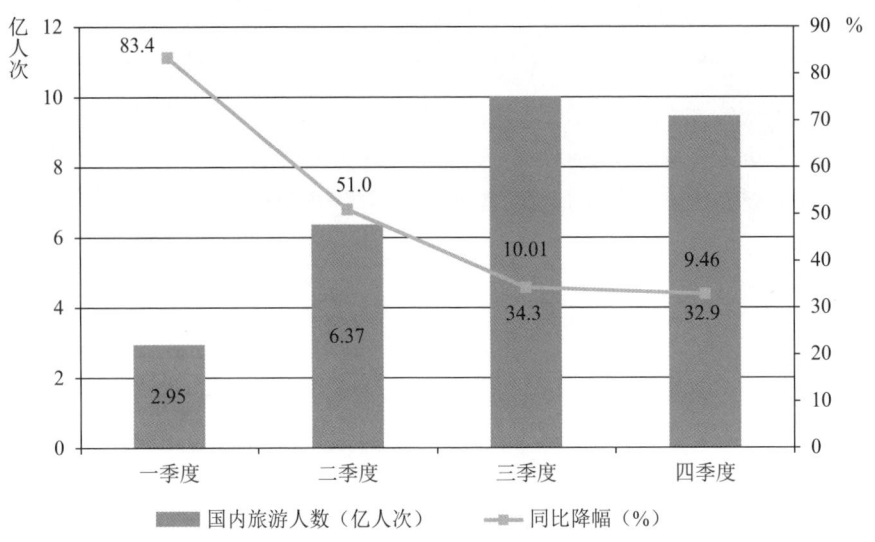

图2-4　2020年分季度国内旅游人数

3.2021年将呈阶梯形复苏、波动式回暖态势

2021年，全国旅游市场稳步回升，消费信心进一步恢复，产业动能进一步积聚，产业政策双向松绑，全国旅游业迎来了疫情防控和全面复苏的战略转折点。下半年，国内旅游经济预期相对乐观，将在七一后迎来旅游产业发展的转折点。

新冠疫情暴发以来，住宿、机票价格降幅明显，多数旅游目的地平均住宿价格同比下降2成左右。2021年景区门票降价甚至免费、旅游消费券发放等优惠政策将在一些地方延续。可以预见，2021年旅游需求将沿着需求曲线向"价低量升"方向移动，为疫后旅游市场复苏注入强劲动力。

（二）国内旅游呈"4∶3∶3"空间格局

将我国大陆地区旅游市场按三大经济带划分为东部地区、中部地区、西部地区。其中东部地区包括：北京、天津、河北、上海、江苏、浙江、福建、山东、广东、海南、辽宁、吉林、黑龙江，2020年共接待国内旅游者38.16亿人次；中部地区包括：山西、安徽、江西、河南、湖北、湖南，2020年共接待国内旅游者 30.35 亿人次；西部地区包括：内蒙古、广西、重庆、四川、贵州、云南、西藏、陕西、甘肃、青海、宁夏、新疆，2020 年共接待国内旅游者 32.14 亿人次。

图 2-5 描述的是区域市场在这近 5 年里接待国内人数的变化趋势。2019 年是个分水岭，所有区域游客接待人数在 2019 年前逐年递增。东部地区从 2016 年的 50.53 亿人次增长到 2019 年的 64.48 亿人次；中部地区从 2016 年的 31.44 亿人次增长到 2019 年的 47.74 亿人次；西部地区从 2016 年的 33.22 亿人次增长到 2019 年的 58.54 亿人次。

2020 年受到新冠肺炎疫情影响，国内游客人数出现断崖式下跌。东部地区从 2019 年的 64.48 亿人次下降到 2020 年 38.16 亿人次；中部地区从 2019 年 47.74 亿人次下降到 2020 年 30.35 亿人次；西部地区从 2019 年 58.54 亿人次下降到 32.14 亿人次。

总体来说，东部地区整体接待规模要高于中西部。目前东部地区接待规模排首位，西部地区紧随其后排第二，中部地区排第三。从三大经济带来看，国内旅游呈现出"4∶3∶3"的空间格局。

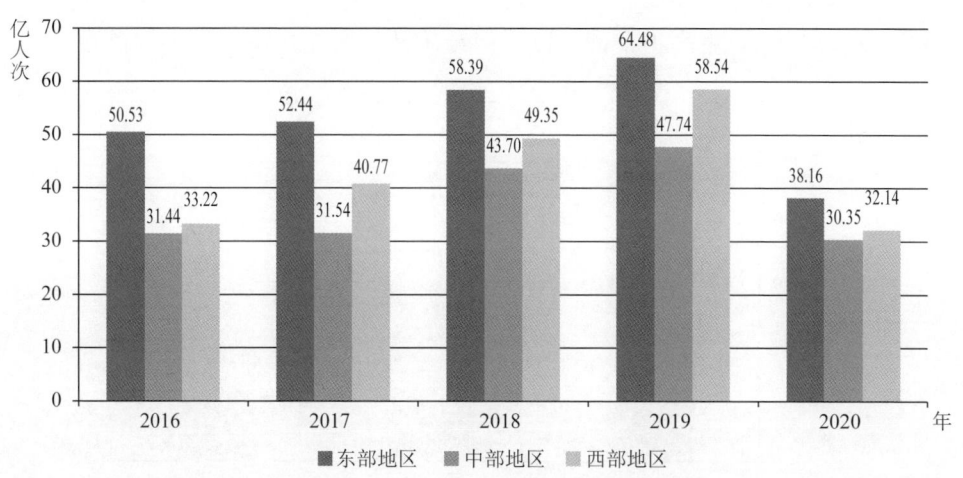

图 2-5　2016—2020 年三大经济带国内旅游接待量对比

由于各区域的省市个数不同，发展速度不同，图 2-6 显示的是 2020 年我国三大经济带的平均接待量，其中东部地区的平均接待量为 2.94 亿人次，中部地区的平均接待量为 5.06 亿人次，西部地区的平均接待量为 2.68 亿人次。2020 年从三大经济带各省份平均接待量对比来看，中部地区的平均接待量是最大的，东部地区次之，而西部地区最小。三大经济带平均接待量均有所下降。

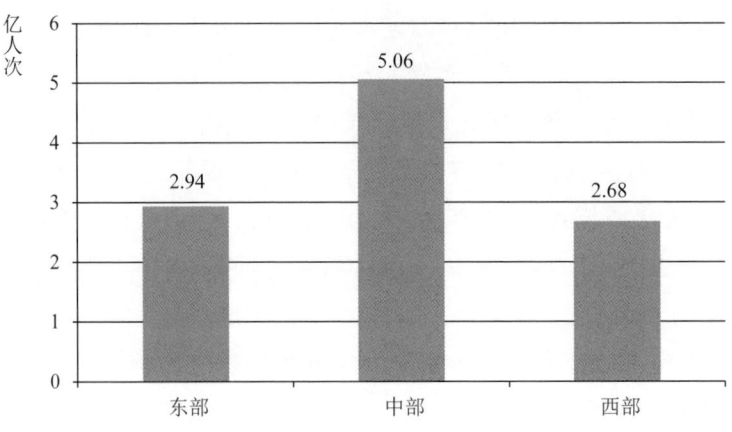

图 2-6　2020 年三大经济带平均接待量

2020 年，各经济带国内旅游收入如图 2-7 所示，东部地区以 50 337.65 亿元的国内旅游收入稳居三大区域首席，而中部地区的国内旅游收入则为 30 012.04 亿元，约为东部地区的 59.6%。西部地区凭借辽阔的地理范围、丰富的文化和旅游资源，吸引众多旅游者前往观光游览。2020 年西部地区旅游收入为 33 822.52 亿元，略高于中部地区，但与东部地区相比还有较大的差距。

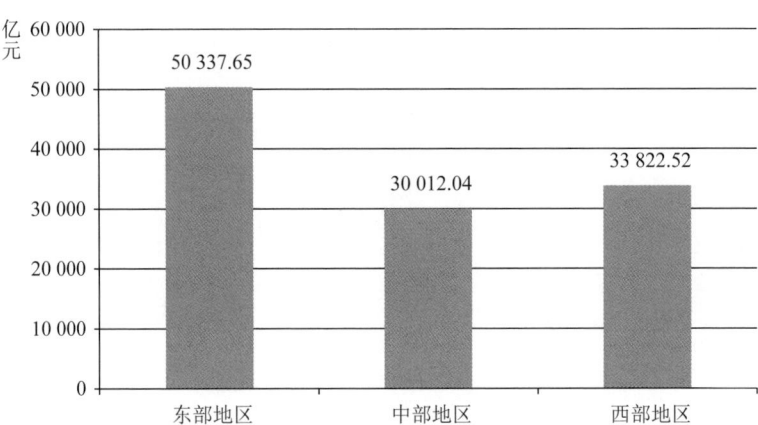

图 2-7　2020 年三大经济带国内旅游收入

二、国内旅游客源市场特征

(一)城乡客源市场呈二元结构

如图 2-8 所示,2020 年国内旅游人次城乡对比,全年城镇居民旅游人次达到 20.7 亿人次,农村居民旅游人次达到 8.1 亿人次。城镇居民在 2015—2020 年度的旅游人数都高于农村居民(图 2-9)。但是,随着农村居民生活条件改善、可自由支配收入增加,农村居民外出旅游的人数也在不断增加。随着乡村振兴战略全面推进,农村居民的出游率在稳步提升,乡村旅游将是国内旅游发展的重要潜在市场。

从时间上来看,城镇居民出游活动受到节假日等时间上的限制,一般会选择带薪休假的黄金假期、春节长假和周末假期来完成旅游活动;而农村居民的出游活动相对而言在时间上更为灵活,时间波动性低于城镇居民。

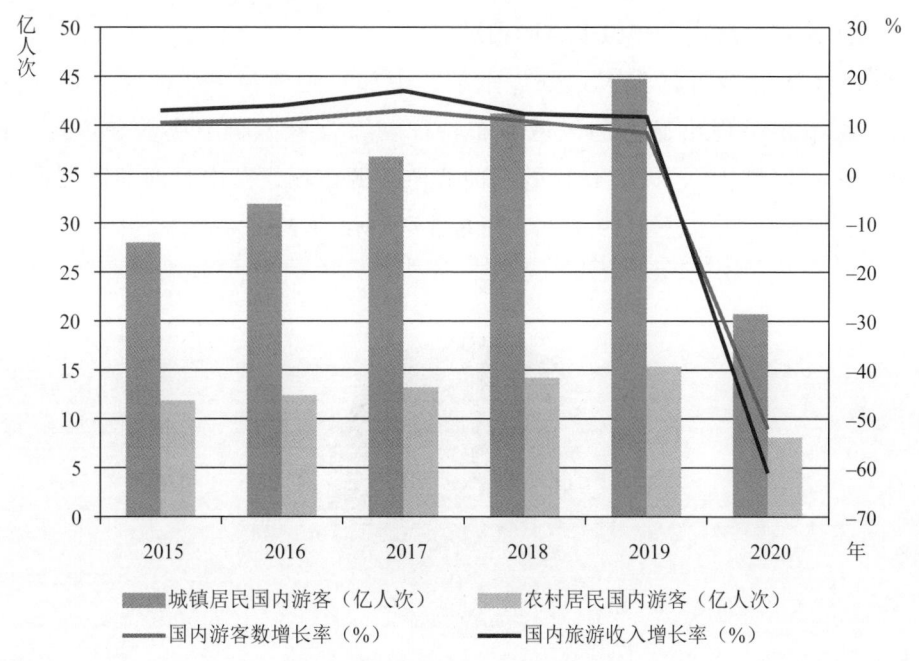

图 2-8　城乡国内旅游人次对比

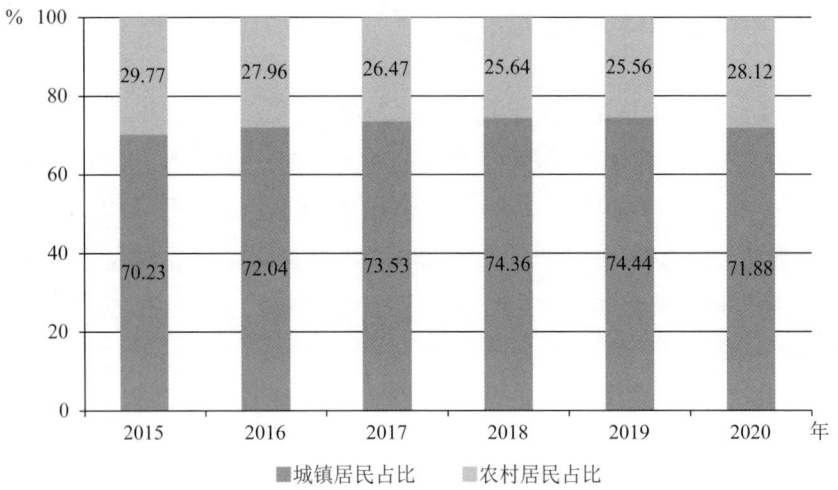

图 2-9 城乡居民国内旅游人次占比

（二）东部区域占一半以上客源市场

依据经济区域可将我国划分为东部、中部、西部和东北四大区域，国内旅游客源市场呈现出显著的区域分布特征。综合考虑出游次数和停留时间，2020年东部区域占据了51.48%的国内旅游客源市场，其次是西部区域占据了26.43%，中部区域占据了19.95%，而东北区域仅占2.14%（图2-10）。

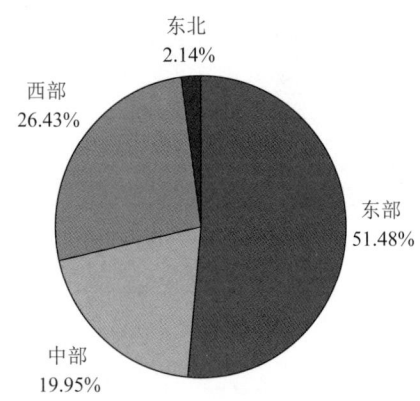

图 2-10　2020年各区域国内旅游客源市场规模

2020年广东、浙江、重庆、江苏、湖南、湖北、上海、北京、陕西等省市既有较大的国内旅游客源市场规模，又有较高的国内旅游出游率（图2-11）。

第二章 国内旅游市场特征
Chapter 2 Characteristics of China Domestic Tourism Market

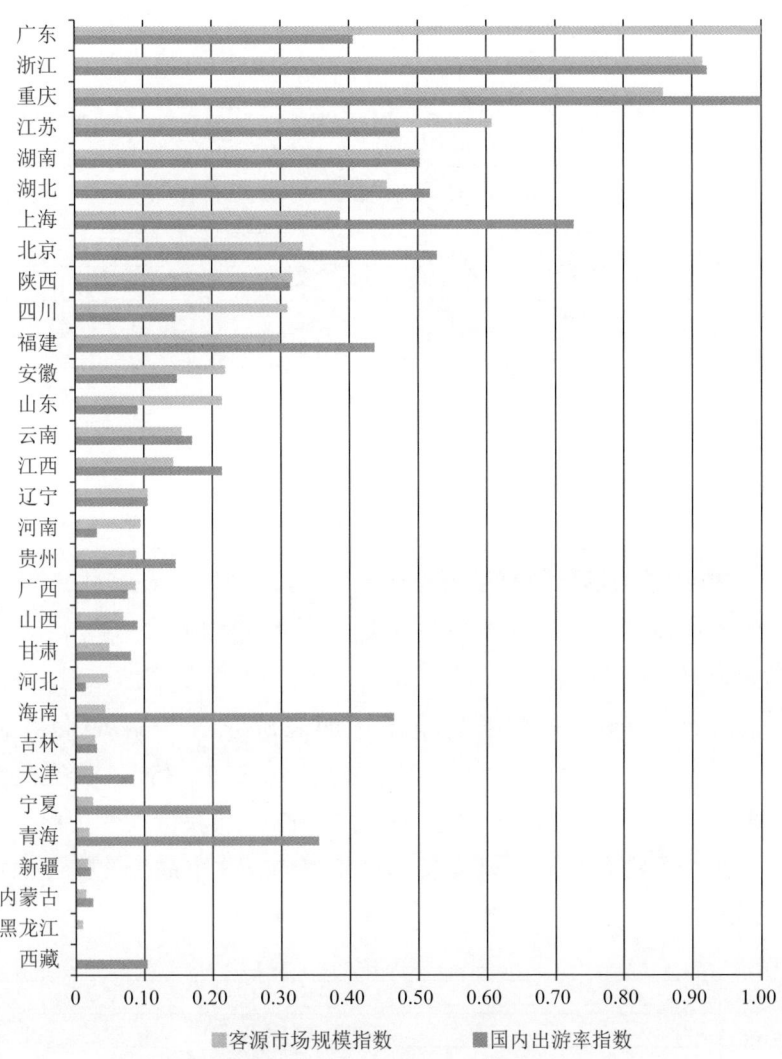

图 2-11　2020 年各地区国内旅游客源市场规模和出游率指数

（三）中青年依然是国内旅游市场主力

图 2-12 显示，2019 年我国国内旅游市场的主力军是 25~34 岁的年轻人，为 17.98 亿人次；其次是 45~64 岁这一年龄阶段的人，为 14.39 亿人次；接下来是 35~44 岁的人，为 12.99 亿人次；其余的 15~24 岁、14 岁及以下、65 岁及以上的人分别为 6.41 亿人次、4.76 亿人次及 2.83 亿人次，其中 14 岁及以下的国内旅游出游人数较以往增长较快。无论是城镇居民还是农村居民，25~34 岁的年轻人都是国内旅游的主力军。

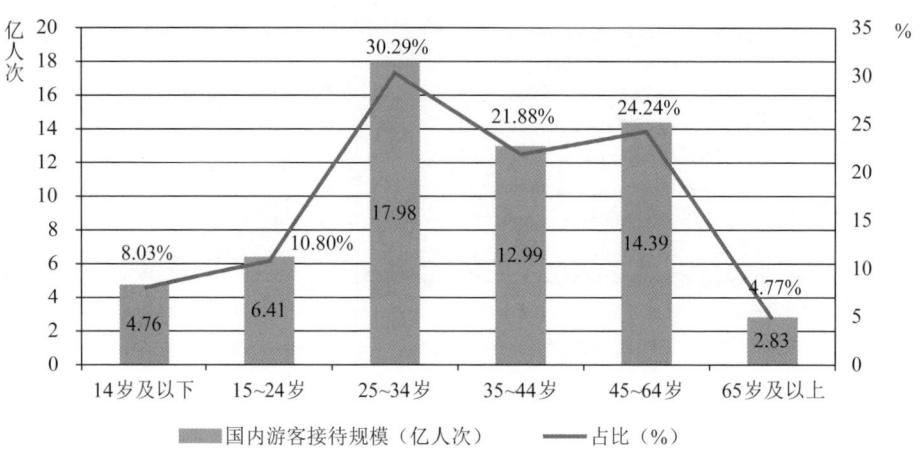

图 2-12 2019 年国内旅游人次年龄分布

(四)国内旅游市场呈现高学历趋势

从我国国内旅游者的受教育程度来看(图 2-13 和图 2-14),2019 年我国国内旅游市场依然呈现高学历趋势。其中本科、大专学历的旅游人数有 34.71 亿人次,占比 57.80%;初中及以下学历的旅游人数有 11.50 亿人次,占比 19.15%;高中学历的旅游人数为 9.52 亿人次,占比 15.85%;研究生及以上学历的旅游人数最少,为 4.32 亿人次,占比 7.20%。从我国高学历旅游者的区域分布来看,他们主要集中在东部发达的城市群内,这也成为我国东部国内旅游市场得以快速发展的重要原因之一。

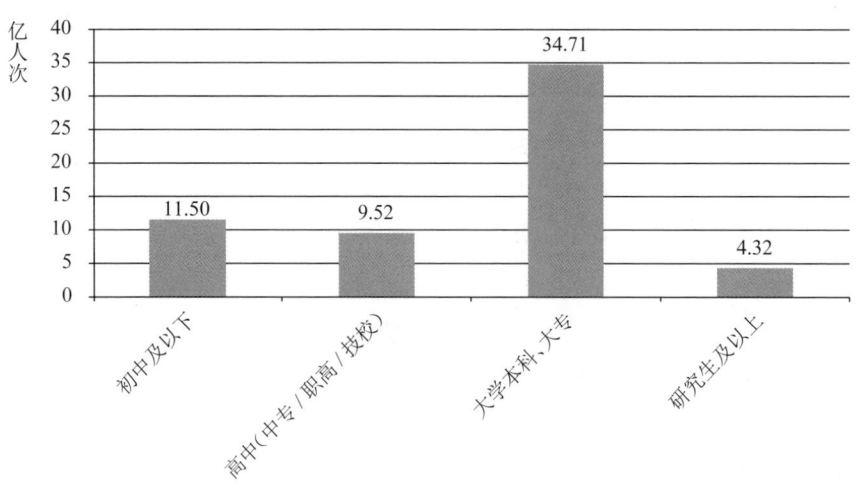

图 2-13 国内旅游者教育背景分布

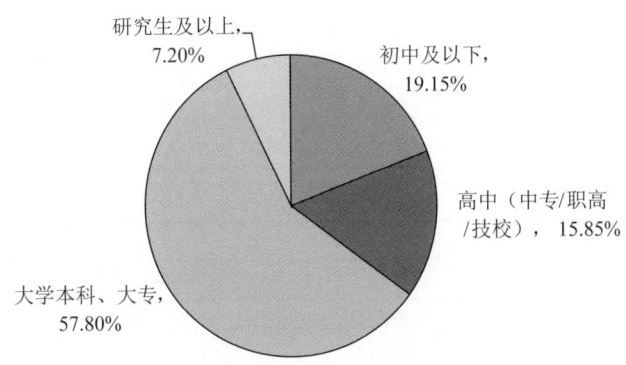

图 2-14　国内旅游者不同教育背景占比情况

由于我国城乡二元结构仍然显著，教育水平差异较大，图 2-15、图 2-16 显示了我国不同教育背景的国内旅游者在城乡分布的差异情况。其中，城镇居民旅游者中具有大学本科及大专学历的人数最多，为 27.49 亿人次，占比 61.48%；农村居民国内旅游者中人数最多的也是具有大学本科及大专学历的群体，为 7.22 亿人次，占比 47.05%。虽然从发展的视角来看，我国农村居民国内旅游者的受教育程度近年有所提升，但我国城乡国内旅游者的总体受教育水平仍有较大差距。

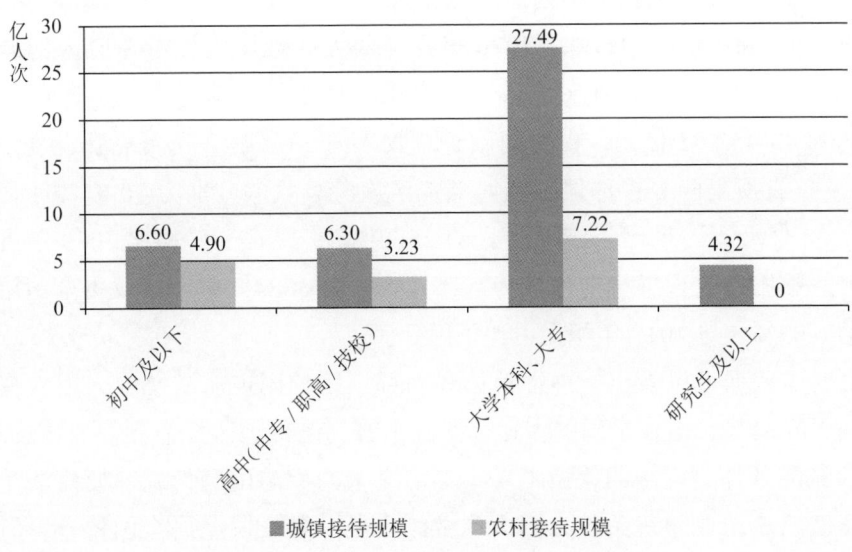

图 2-15　按城乡划分的国内旅游教育背景分布

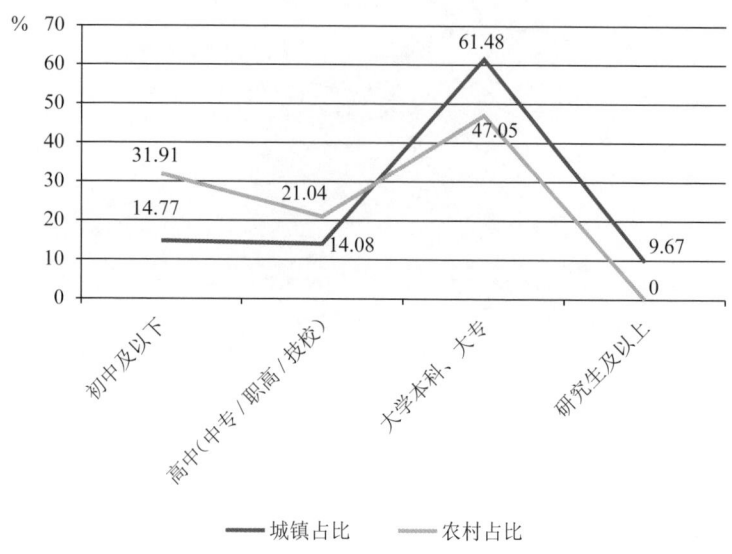

图 2-16 按城乡划分的国内旅游不同教育背景占比

三、国内旅游目的地区域特征

（一）2020 年四大区域国内旅游总收入

图 2-17 和图 2-18 反映了 2020 年我国四大区域国内旅游总收入的差异情况。2020 年，各区域国内旅游总收入存在明显差异，其中东部地区国内旅游总收入为 43 452.95 亿元，占全国旅游总收入的 38.06%，受新冠肺炎疫情影响较 2019 年有所下降。中部地区和西部地区旅游总收入分别为 30 012.04 亿元和 33 822.52 亿元，占全国旅游总收入的 26.29% 和 29.62%，相比 2019 年占比有所上升。旅游总收入最少的区域为东北地区，为 6884.7 亿元，仅占全国旅游总收入的 6.03%，与 2019 年相比占比下降。

由上述数据可以看出，中部地区和西部地区的国内旅游总收入因为疫情呈现大幅下降趋势，但在全国的占比却不断上升。东部地区凭借良好的区位条件、发达的经济条件、广阔的旅游消费市场、完善的旅游配套设施、便捷的交通条件、丰富的旅游业态等条件，国内旅游收入绝对量依旧稳居全国榜首，但是占全国的相对比重却不断下降。

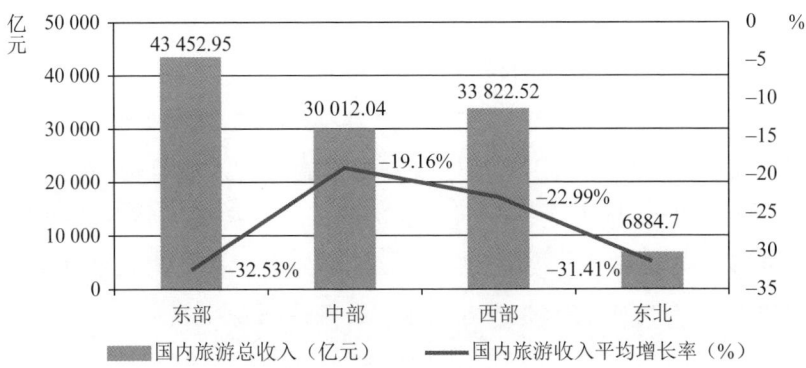

图 2-17　2020 年四大区域国内旅游总收入情况

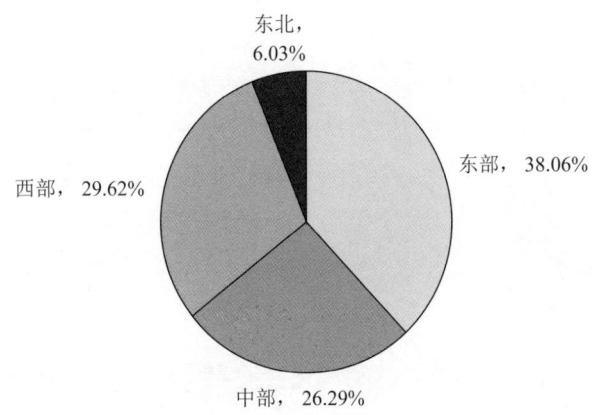

图 2-18　2020 年四大区域国内旅游总收入占比

图 2-17 显示了 2020 年四大区域国内旅游收入的平均增长率，受新冠肺炎疫情影响国内旅游收入最高的东部地区的增长率为 -32.53%，下降幅度最大；中部地区旅游总收入的平均增长率为 -19.16%，受新冠疫情影响下降幅度最小；西部地区旅游总收入的平均增长率为 -22.99%，在全国处于第二位；东北地区旅游总收入的平均增长率为 -31.41%，仅略高于东部地区，受新冠疫情影响也较为严重。

总体上看，中西部地区旅游总收入的平均增长率相对较高，受到新冠疫情的影响相对较轻。中部地区历史厚重，资源丰富，交通便利，经济发达，工农业基础雄厚，现代服务业发展迅速，是中国经济发展的第二梯队，是我国的人口大区、交通枢纽、经济腹地和重要市场，在中国国内旅游空间格局中扮演着重要角色。

（二）2020年四大区域国内接待旅游人数

由图 2-19 和图 2-20 可知，2020 年我国四大区域接待国内旅游者人数之间差距缩小，其中东部地区和西部地区接待国内旅游者人数差距不显著，分别为 32.18 亿人次和 32.14 亿人次；中部地区接待国内旅游者人数为 30.35 亿人次，东北地区接待国内旅游者人数最少，为 5.98 亿人次。从上述数据可以看出我国东部地区由于交通便利，交通通达性好，且旅游资源丰富，深受旅游者喜爱。同时，受新冠肺炎疫情影响，人们出游更偏向前往人少的地方，由此西部地区旅游者增长速度较快。

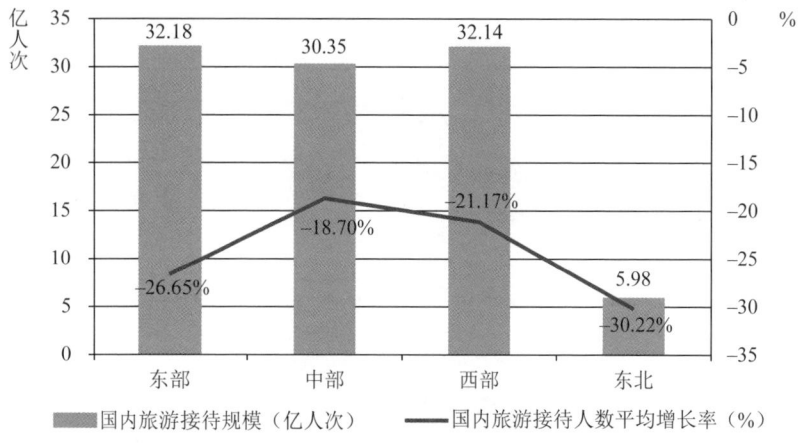

图 2-19 2020 年四大区域国内旅游接待规模

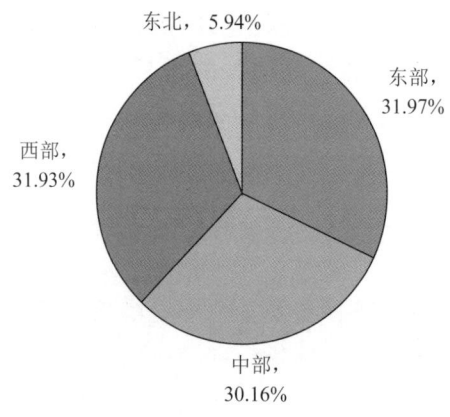

图 2-20 2020 年四大区域国内旅游接待规模占比

（三）四大区域国内旅游人均消费水平

2020年四大区域国内旅游人均消费在全国各地区仍存在较大差异。其中，东部地区的国内旅游人均消费最高，达到1359.22元。其次是东北和西部地区，国内旅游人均消费分别为1233.45元和1012.77元，而国内旅游人均消费最少的是中部地区，为971.43元（见图2-21），四大区域国内旅游人均消费水平均有所下降。

由上述数据可以看出东部地区因其经济发展水平最高，本地旅游客源市场消费能力和旅游产业体系最发达，从而使得其国内旅游人均消费水平最高，东北地区次之，而中部地区由于本地旅游客源市场相对较弱，且旅游产业体系需要进一步提升，所以国内旅游人均消费最低。我国西部地区近年来旅游产业体系发展得如火如荼，国家以及地方政府都比较重视当地旅游业的发展，相关政策不断印发，扶持资金不断流入，旅游基础设施不断完善，加之由于地理环境和自然环境的优势，旅游者大量涌入并停留，使得旅游人均消费水平高于中部地区。

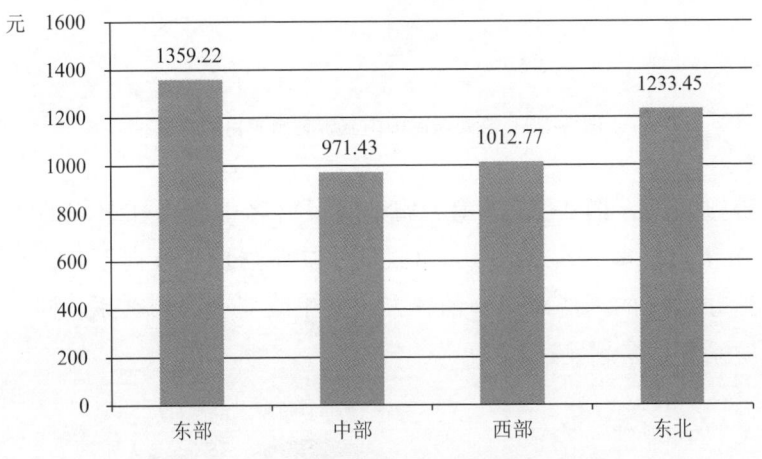

图2-21 2020年四大区域国内旅游人均消费

四、城乡旅游者行为特征

（一）城镇居民旅游市场行为特征

1.探亲访友是城镇居民出游主要目的

受到疫情影响，2020年旅游抽样调查暂停，本报告重点研究2019年旅游抽样调查内容。2019年，我国国内城镇居民的旅游动机以探亲访友为主占30%，其次是观光游览占28.8%，再次是度假休闲占23.8%，商务出差、文娱体育健身、养生保健疗养以及其他旅游目的的游客比例分别为13.3%、1.9%、1.1%、1.1%。可以看出，我国城镇居民已经走过以观光游览为主要目的的阶段，进入探亲访友结合度假休闲为主要目的的新阶段，这与我国社会经济发展具有较为密切的关系。

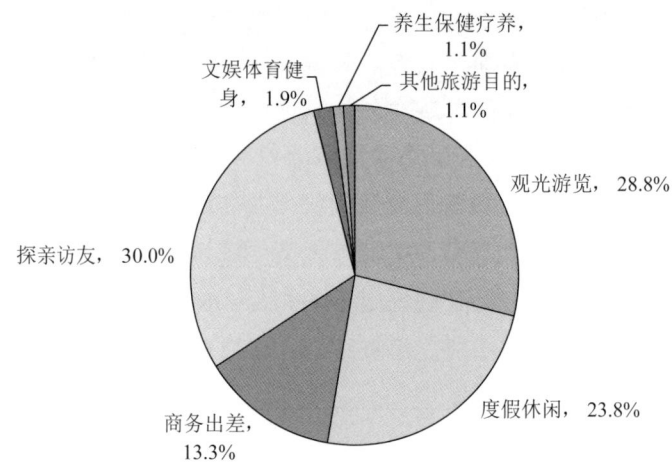

图 2-22　城镇居民国内旅游者出游目的构成

按旅游方式分，图 2-23 显示了城镇居民游客中旅行社组织的团队游客占6.0%，自由出行的散客占94.0%。这说明了城镇居民更倾向于自由行，而不是跟团游。这跟居民的消费意识和消费方式发生改变有密切关系。同时，也与国内旅游交通系统越来越发达有关。

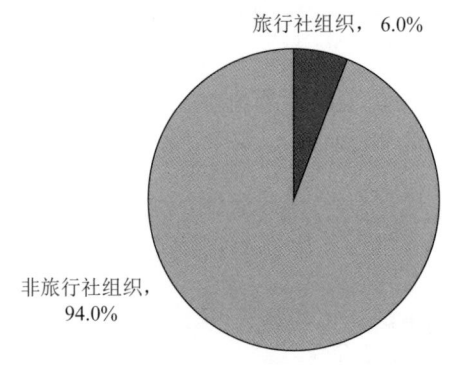

图 2-23　城镇居民国内旅游者旅游方式构成

2.城镇居民旅游消费水平较高，且消费结构相对均衡

我国城镇居民2019年国内旅游每次出游人均花费约1626.5元，按旅游目的分，商务出差游客人均花费最高，达2409.4元；观光游览游客人均花费1657.4元，度假休闲游客人均花费1615.0元，养生保健疗养游客人均花费1514.2元，探亲访友游客人均花费1256.3元，文娱体育健身游客人均花费2020.0元，其他旅游目的人均花费1116.0元（图2-24）。

由此可见，探亲访友和观光游览是城镇居民占比最高的出游目的，但其人均花费并不是最多的，反而是商务出差的人均花费最多。这说明我国城镇居民出游目的与消费意愿的结构之间存在差异。虽然我国经济发展水平逐年提升，但城镇居民的整体旅游消费能力仍然较低，出游目的占比最高的旅游活动的人均花费并不高。

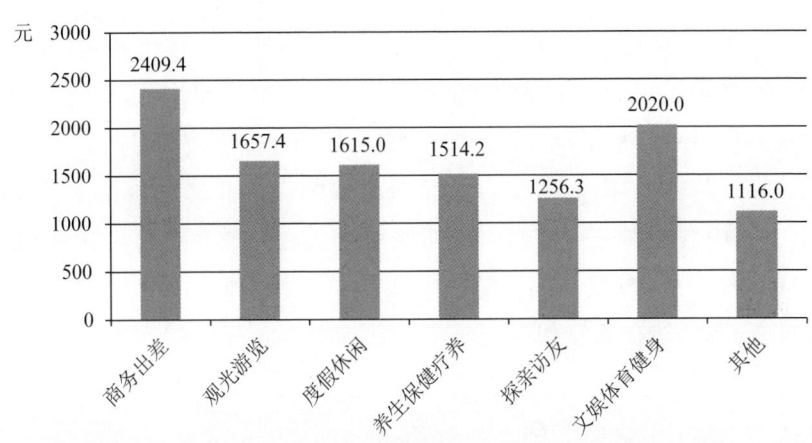

图2-24 城镇居民国内旅游者每次出游人均花费（按旅游目的分）

按旅游方式分（图2-25），旅行社组织的城镇居民国内旅游者人均花费2530.3元，非旅行社组织的城镇居民国内旅游者人均花费1440.8元。旅行社组织的国内旅游者人均花费与2018年相比有较大幅度下降，非旅行社组织的国内旅游者人均花费则几乎持平。究其原因主要是国家大量发放旅游消费券，促进民众消费。同时在航空、高铁、动车、公交等旅游交通基础设施方面大量投资，减少旅游者的出行交通成本。为鼓励大众外出旅游，部分景区景点推行免费门票，降低旅行社运营相关成本，因此旅游者的人均花费有所下降。非旅行社组织的国内旅游多采取自驾游、自助游、散客等形式，出游时间以一日游为主，

受相关政策影响较小，因此非旅行社组织的国内旅游人均花费变化较小。

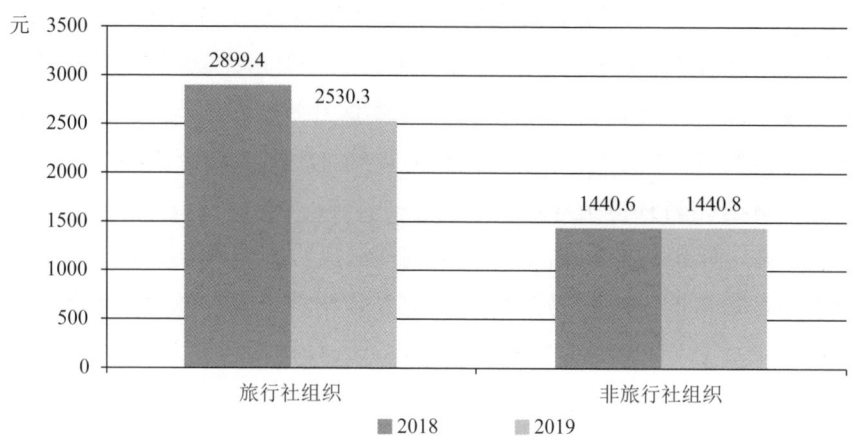

图 2-25　城镇居民国内旅游者每次出游人均花费（按旅游方式分）

图 2-26 显示了城镇居民散客旅游者的出游花费构成情况，交通费占比最高，为 34.3%，住宿费占 16.7%，餐饮费占 23.6%，购物费占 15.5%，景区游览费占 5.1%，其他费用占 4.8%。这几项花费中交通和餐饮占据了总体花费的一半以上，其中餐饮费超过住宿费说明城镇居民更愿意在吃上花费更多的资金，而对住宿的要求相对较低。购物费较上年比重有所下降，说明城镇居民散客旅游者的购物消费意愿在相对减少。

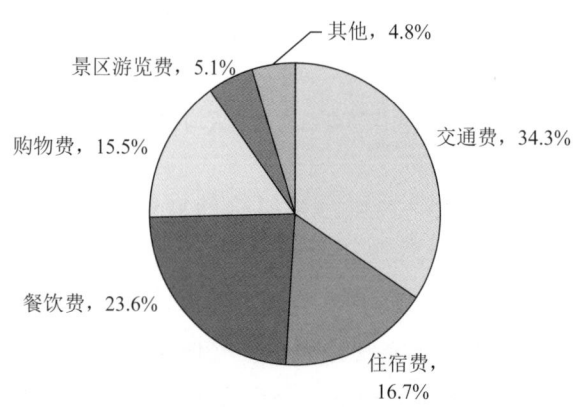

图 2-26　城镇居民散客旅游者出游花费构成

3. 城镇过夜游客人均停留 3.27 天

图 2-27 显示，城镇过夜国内旅游者的停留天数以 1~3 天的居多，占比达到 70.62%，停留时间 4~7 天的占比为 22.64%，停留时间 8~14 天的占比为 4.50%，而停留时间超过 14 天的仅占 2.24%。由此可见，城镇过夜国内旅游者的出游半径较小，以本地游、周边游和短途游为主。

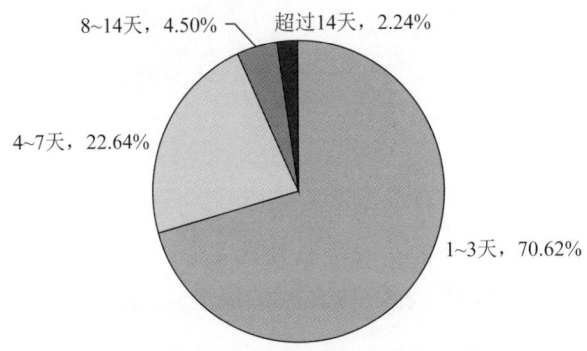

图 2-27　城镇过夜国内旅游者停留天数构成

（二）农村居民旅游市场行为特征

1. 探亲访友游是农村居民出游最喜欢的方式

从农村居民的出游目的来看，探亲访友所占比例最高，占到 37.0%，其次是观光游览，占到 23.9%，再者是商务出差，占到 16.3%。其余几个目的的旅游人数所占比重相对较低，其中度假休闲占 13.3%，养生保健疗养占 1.9%，文娱体育健身占 1.4%，其他旅游目的占 6.2%（图 2-28）。

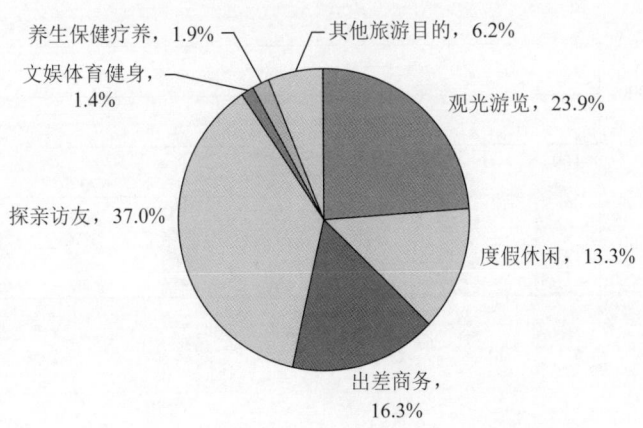

图 2-28　农村居民国内旅游者出游目的构成

在农村居民的国内旅游者中，旅行社组织的团队游客占4%，非旅行社组织的自助出游散客占96%（图2-29）。其中散客旅游者占据绝大部分，说明了农村居民的出游方式也以自助出游为主，而不太愿意跟团游。

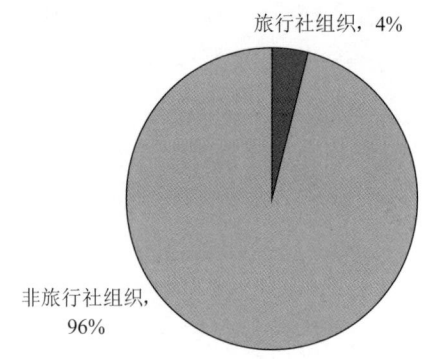

图2-29　农村居民国内旅游者旅游方式构成

2. 农村居民旅游消费水平较低，其中观光游览人均花费最高

2019年农村居民每次出游人均花费约为960.4元。按旅游目的分，养生保健疗养每次出游人均花费最高，达2068.5元；观光游览每次出游人均花费1158.5元，商务出差每次出游人均花费1097.5元，度假休闲每次出游人均花费1116.4元，文娱体育健身每次出游人均花费870.4元，探亲访友每次出游人均花费708.9元，其他旅游目的每次出游人均花费673.6元。其中，在农村居民国内旅游者中，养生保健疗养的国内旅游人数虽然只占总体人数的1.9%，但每次出游人均花费却是最高的（图2-30）。

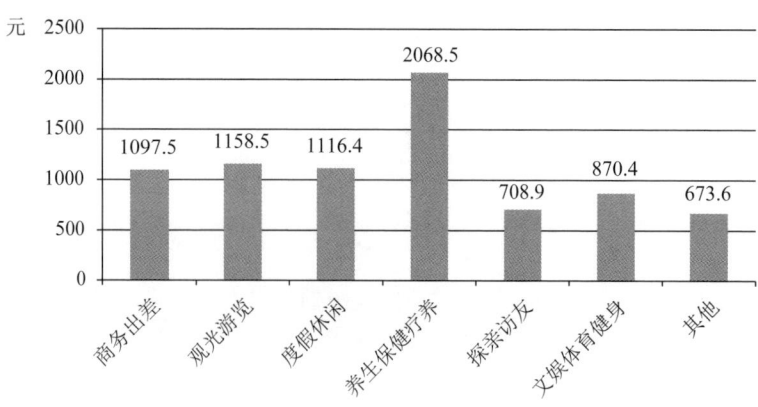

图2-30　农村居民国内旅游者每次出游人均花费（按旅游目的分）

从出游方式来看（图2-31），农村居民国内旅游者中通过旅行社组织的人均花费1693.4元，非旅行社组织的人均花费901.7元。通过旅行社组织的每次出游人均花费是非旅行社组织的一倍多。从纵向对比来看，2019年通过旅行社组织的每次出游人均花费大幅度低于2018年，而非旅行社组织的人均花费反而有小规模的增加。

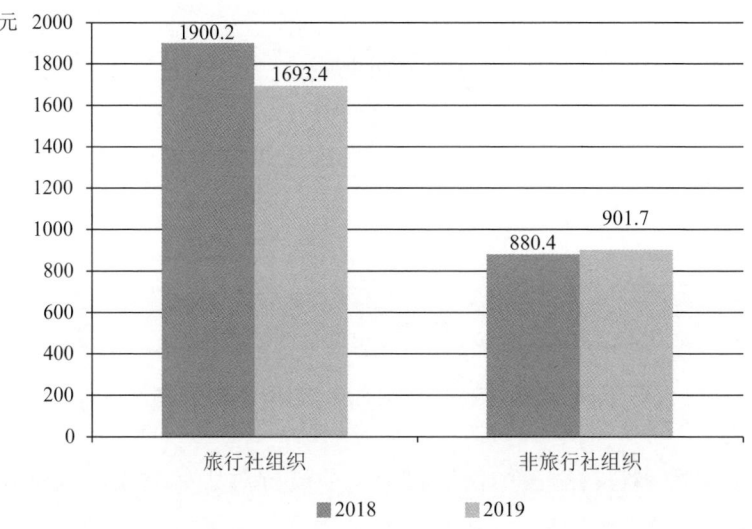

图2-31 农村居民国内旅游者每次出游人均花费（按旅游方式分）

图2-32显示了农村居民散客旅游者的出游花费构成情况，其中交通费占比最高，占到了32.0%，餐饮费其次，占26.1%，住宿费占12.7%，购物费占17.8%，景区游览费占4.9%，而其他费用则占6.5%。

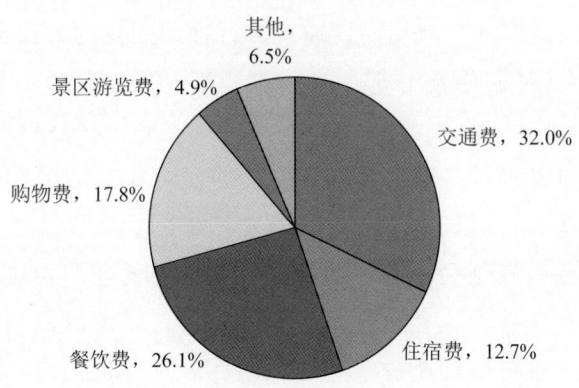

图2-32 农村居民散客旅游者出游花费构成

3. 农村过夜游客人均停留 2.93 天

图 2-33 显示了农村居民旅游者的过夜停留时间。农村居民旅游者的过夜停留时间以 1~3 天的最多，占比为 77.15%，停留时间 4~7 天的占比为 17.45%，停留时间 8~14 天的占比为 3.45%，停留时间超过 14 天的占比为 1.96%。由此可见，农村居民的出游半径也以本地游和周边游为主。

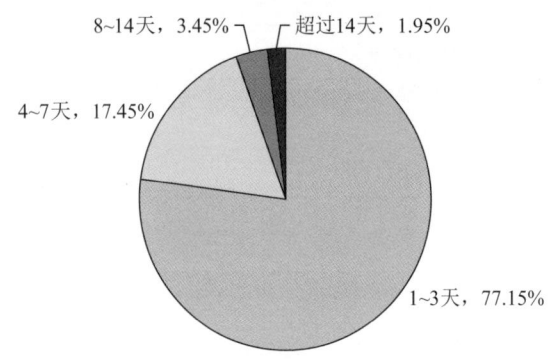

图 2-33　农村过夜国内旅游者停留天数构成

将城镇居民和农村居民的出游行为特征进行对比后发现，虽然我国城乡居民的收入差距正在逐渐缩小，但是国内旅游发展的城乡二元结构仍然存在，我国农村居民国内旅游的出游人次、出游率和人均花费不但大大低于城镇居民，而且这种差距还有逐步扩大的趋势。

从出游目的来看，城镇居民和农村居民均倾向于探亲访友，两者相同点是探亲访友、观光游览均排在前两位。两者不同之处是在商务出差方面，农村居民比例显著高于城镇居民。从出游方式来看，城镇居民和农村居民都更倾向于不通过旅行社而以散客的方式出游，通过旅行社跟团游的人数很少。对比而言，农村散客在全部国内旅游者中所占的比重要高于城镇散客，但两者间的差异较小。

从出游花费构成来看，城镇居民和农村居民都在交通费和餐饮费上花费较多，值得一提的是农村居民购物费在所有花费中的比重要高于城镇居民的购物费比重，住宿费在所有花费中的比重低于城镇居民的住宿费比重，说明二者之间的消费习惯仍存在差异。在出游目的构成来看，城镇居民和农村居民之间存在着显著的不同，农村居民是健康疗养的游客人均花费最高，而城镇居民是商务出差的游客人均花费最高。同时，城镇居民与农村居民都在健康疗养方面花费较多，这与近年来城乡居民的健康保健意识不断提高有关。在出游方式上，无论是城镇居民还是农村居民，都是跟团游的人均花费要高于散客游的人均花费。

从出游半径来看，无论是城镇居民还是农村居民，都更为倾向于本地游，而异地游的比重则较低。从过夜游的停留时间来看，城镇游客的过夜停留时间显著多于农村游客的过夜停留时间。

五、国内旅游新消费典型案例

2020年11月，中国旅游研究院、携程旅游大数据联合实验室联合发布《重新体验中国之美：2020国内旅游复兴大数据报告》。报告显示，依托国内超级大市场，我国旅游经济已经进入疫情防控常态情境下全面复工复产复业阶段。从供需的变化看，疫情后我国旅游市场出现复苏的趋势，一系列新型优质的中高端度假产品、主题玩法迅速扩大市场份额，引领旅游市场恢复增长。

1. 主题游时代来临

2020年，五一旅游市场基本恢复了2019年同期的50%。在众多主题中，以户外为代表的主题游深受旅游市场的头部人群喜爱。"野奢"主题兴起，帐篷、房车、折叠椅、城市漫步（citywalk）、旅拍，追求体验、自由。从稻亚、峨乐、恶魔之眼、火星基地到独库公路，小众目的地不断崛起；从滑雪到登山，体验成为第一要素。

携程主题游平台的数据显示，国庆国内主题游产品交易规模同比增长50%，市场规模快速扩大。户外、自然、摄影、人文4大类主体产品，以及徒步登山、越野自驾、自然探索、自然野奢、全球摄影、全球旅拍、深度人文、当地探索8大主题线路，还包括滑雪、旅拍、登山、游艇、潜水、直升机、滑翔伞、皮划艇、团建等小品类项目，一个个主题玩法正通过平台对接到更多大众用户。

每年有大量新增消费者进入滑雪市场，特别是在出境游受阻的情况下，2020年滑雪预计成为国内旅游消费新热点。中国旅游研究院《中国冰雪旅游发展报告2020》显示，2018至2019年冰雪季，中国冰雪旅游人数达2.24亿人次，冰雪旅游收入约为3860亿元。

2. 私家团异军突起

在当下旅游市场，跟团游需求依然存在。"新跟团"产品以私家团、精致小团、5钻为代表，为旅游者在国内旅游提供了更好的服务和体验。近年来，游客出行已经从与陌生人组成大团队旅游，逐渐演变成更加注重私密、回归家庭的小团队旅游。从标准统一的服务需求，演化为个性化、碎片化需求，"小团化""定制化"旅游发展迅速。

私家团在跨省游恢复后迅速脱颖而出，引领跟团市场复苏增长。旅行社为生存发展和转型升级，积极开发私家团、挖掘中高端市场。2020年国庆期间报名私家团的游客量同比2019年增长达100%，大幅超过国内旅游市场的增长水平。人均花费为5000元左右，相比2019年增长13%。在一些热门线路和目的地，私家团的占比达到20%以上。这种产品一单一团、专车专导，打破了大团跟团的局限，在吃、住、行、游、购、娱等方面改变了旅游产品供应链。

3. 自驾游成家庭出游首选

2020年，由于私密、安全等优势，自驾成为游客出行的主要方式，以自驾游为代表的家庭旅游消费快速复兴。从国庆假期看，全国高速公路日平均车流量4860.8万辆，恢复至2019年同期的94.5%。中国旅游研究院调查显示，即使是农村居民，长假期间出游选择自驾的比例也超过四成。通过旅游APP订酒店、机票，再租个车自驾旅行，也成为越来越普遍的消费习惯。

携程租车的数据显示，国内已有2000多家租车企业在平台上提供了超过2000种的车型，国庆长假租车人数和消费额创下历史新纪录。车日量同比增长达到50%，单日用车突破了7万车日，远超2019年国庆的水平。在车型上，虽然舒适型、经济型依然是主流选择，但豪华车业务增速更快，国庆同比增长113%，消费升级趋势明显。大西北、海南、云贵川、华东成为2020年自驾游的4大热门区域，海南三亚的租车量排名第一，西宁租车同比增长140%，丽江、成都、兰州同比增长100%以上。

4."预约旅游"成常态

新冠肺炎疫情以来，"预约、限量、错峰、有序"已经成为旅游市场的一种常态。各地严格落实分区分级精准防控要求，根据实际需要，推出针对性疫情防控举措。指导A级旅游景区完善门票预约管理制度，推动"限量、预约、错峰"常态化。

景区通过加速"新基建"投入和线上平台合作，应用人工智能、大数据等现代科技为游客提供预约、无接触和行程安全服务，景区市场数字化、智慧化程度大幅提升。中国旅游研究院调查显示，2020年国庆中秋长假期间82.8%的游客不同程度体验了预约，仅有 2.5% 的游客对预约体验表现出负面评价。除部分开放式免票景区外，超过 94% 的 5A 级旅游景区实施分时预约制度，有效缓解了购票入园排长队和长时间拥挤。暑期以来，在大力度的补贴推动下，携程门票预订量超过 2019 年水平，国庆假期同比增长达到 100%，创历史新高，增长速度远超市场水平。

景区线下服务降本提效，景区体验和内涵不断丰富。携程在全国近百家景区的门口铺设了售取票机。国庆期间在 200 多家热门景区安排人员提供了地面服务。景区和旅游平台将门票与特色体验、演艺项目、讲解、餐食、文创周边等内容完美融合，带动旅游消费。国庆期间，携程联合南浔古镇共同策划"长街宴"活动，带动线上渠道游客量同比增长近 200%。

5. 红色旅游受推崇

红色资源是最宝贵的精神财富，蕴含着丰富的政治智慧和道德滋养。各地积极响应国家号召，根据当地红色资源，打造自己的特色品牌。充分挖掘和使用红色资源，做好"旅游+"文章，拉长旅游产业链，实现从"景点游"到"全域游"的转变。红色旅游将革命传统教育与旅游产业相结合，既是观念的创新，也是产业的创新。

近年来，南昌八一起义纪念馆（以下简称"八一馆"）充分利用所辖五处革命旧址的红色文化资源，探索红色教育新路径，全力打造新媒体红色研学平台。通过日益创新的数字技术，结合八一内涵原创设计虚拟卡通人物——"云研学代言人"小军军。他在新媒体语境下讲述红色故事，赋予"云研学"独具一格的红色标签。此外，还运用数字网络、融媒体传播技术等将视频、游戏、动画等内容融入八一故事的讲述中，为青少年提供最佳的研学路径。

第三章
国内旅游产业特征

一、国内旅游目的地产业要素特征

（一）旅游景区指数

为了研究国内旅游的产生和发生机制，本报告选择了各地区的 5A 和 4A 景区作为核心旅游吸引物进行研究。

从全国 5A 级景区的区域分布来看（图 3-1），江苏省 5A 级旅游景区数量仍居于全国第一，共有 24 家，超过第二名浙江 6 家。其次进入 5A 级旅游景区前五名的其他省份为浙江（18 家）、广东（14 家）、河南（14 家）、新疆（13 家）和四川（13 家）。而天津、上海、甘肃、西藏、宁夏和青海的 5A 级景区规模相对最小。总体来看，在综合考虑区域面积、国内旅游市场规模后，地方旅游行业的发展与当地 5A 级景区数量具有很强的正相关性，尤其是国内旅游收入尤为如此。

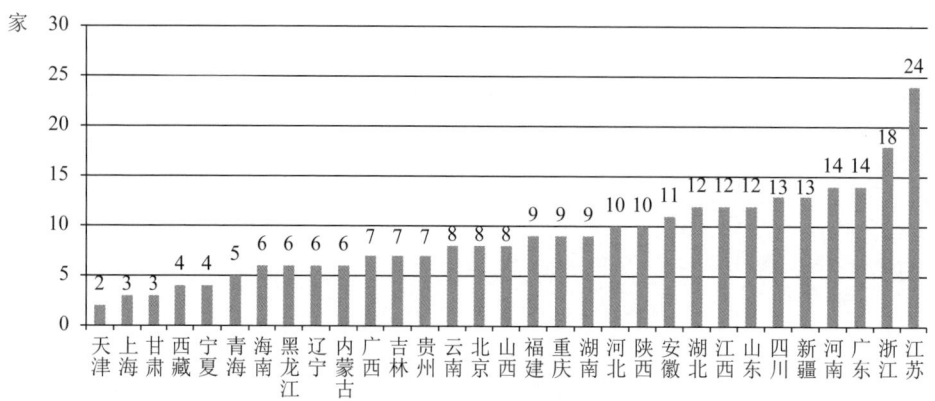

图 3-1 2019 年各省（市、区）5A 级旅游景区数量

从 2019 年 4A 级景区的区域分布来看（图 3-2），全国 4A 级旅游景区最多的省份为四川，有 269 家。其次进入 4A 级旅游景区排名前五位的其他省份为广西、山东、浙江、江苏和安徽，而海南、西藏、宁夏、甘肃和天津的 4A 级景区规模相对最小。

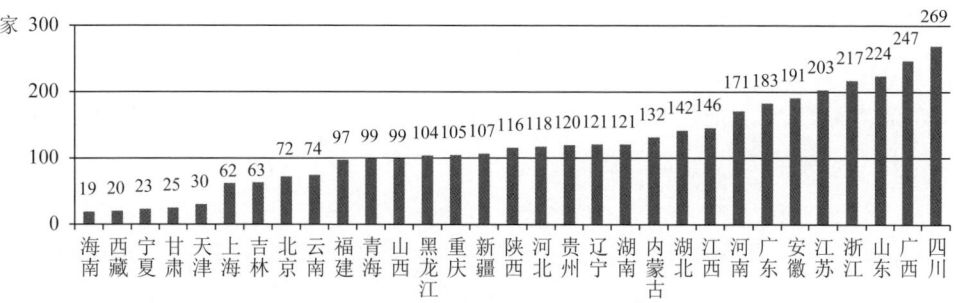

图 3-2　2019 年各省（市、区）4A 级旅游景区数量

将所有景区数量进行标准化，构建各地区旅游景区指数。由图 3-3 可以看出，景区指数最高的五个省份分别为山东、浙江、四川、江苏、安徽。景区指数最低的五个省份分别是海南、天津、宁夏、上海、甘肃。

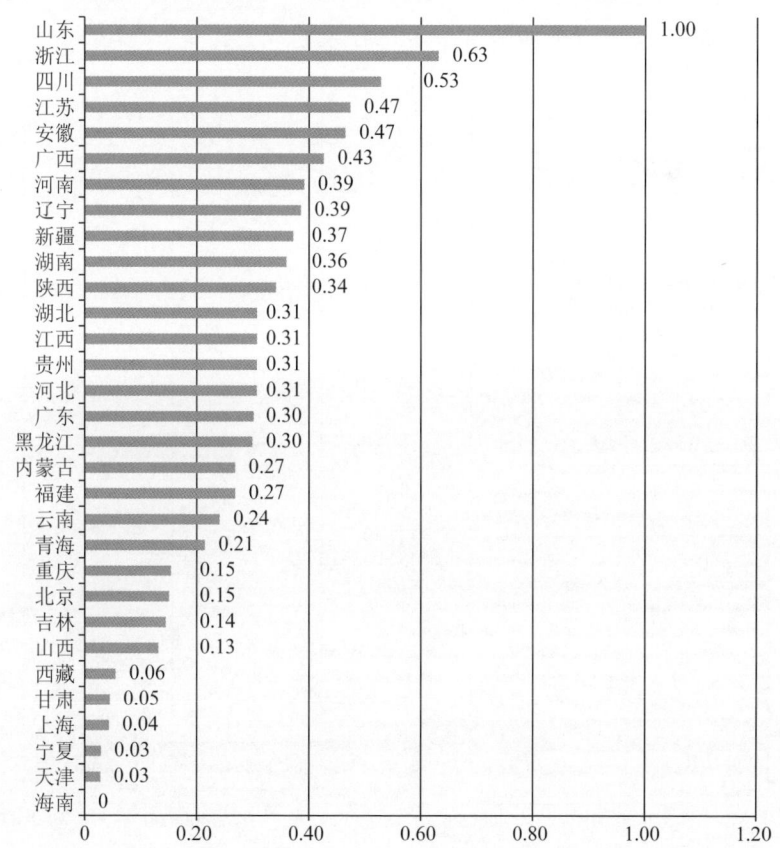

图 3-3　2019 年各省（市、区）景区指数排名

（二）旅游接待能力指数

2020年，浙江、湖南、江苏分列国内旅游收入前三位，湖南、广西、山东分列接待旅游人次前三位，新疆、山西和宁夏国内旅游收入降幅最大，广东、内蒙古、江苏国内旅游人均消费最高。

1. 各省份国内旅游收入差距较大，呈现东多中少，南多北少的格局

旅游收入由旅游接待人数和旅游人均消费确定，是确定国内旅游目的地的重要指标，易受各地区旅游业创造价值的能力影响。本节研究了2020年各省份国内旅游收入在空间上的分布特征，以及与2019年相比的发展演变趋势。

从图3-4可以看出2020年各省份国内旅游收入存在较大差距，浙江省以8275亿元保持第一。湖南、江苏、广西、四川排在之后。宁夏、青海、西藏、海南、新疆的国内旅游收入则处于全国相对靠后的位置，旅游收入不足1000亿元。其中宁夏旅游总收入为57.42亿元，较上一年下降速度过快，占全国旅游总收入比重较低，仅相当于浙江省旅游总收入的0.7%。

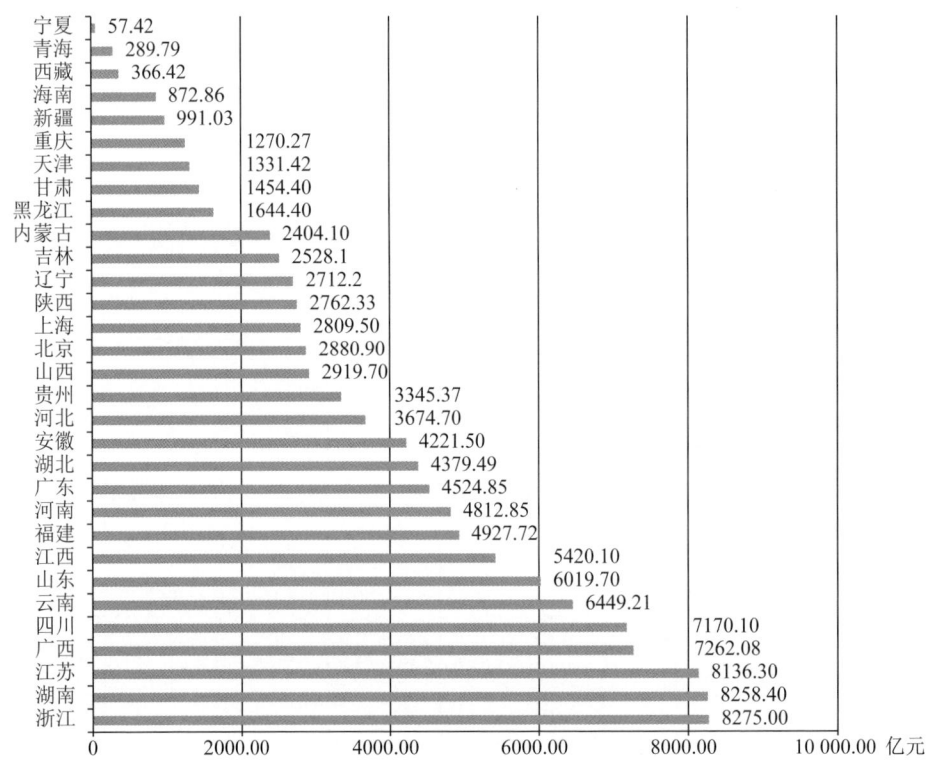

图3-4　2020年各省份国内旅游总收入

2020年各省份之间的国内旅游收入的下降速度不均衡，国内旅游收入增长率最低的是新疆维吾尔自治区，年增长率为-72.70%，山西省、宁夏回族自治区和重庆市紧随其后，年增长率分别为-63.50%、-61.60%和-61.60%，下降速度明显加快（图3-5）。总体来看，2020年受到新冠肺炎疫情影响，各省份国内旅游收入均出现下降情况，没有省份实现正增长。

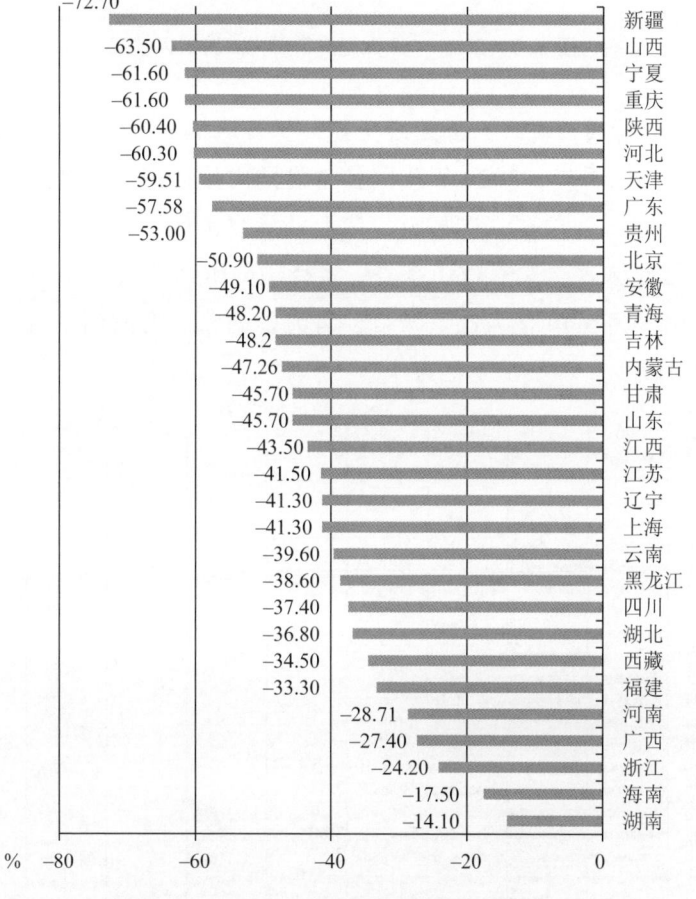

图3-5　2020年各省份国内旅游收入增长率

2020年，三大经济带的国内旅游收入如图3-6所示，东部地区以50 337.65亿元的国内旅游收入稳居区域首席，而中部地区的国内旅游收入仅有30 012.04亿元，约为东部地区的二分之一。西部地区的历史文化资源和自然生态资源丰富，但是旅游产品开发力度不足、旅游产业体系不健全、旅游配套设施不完善，导致其国内旅游产业的潜力没有得到充分释放，国内旅游收入为33 822.52亿元。

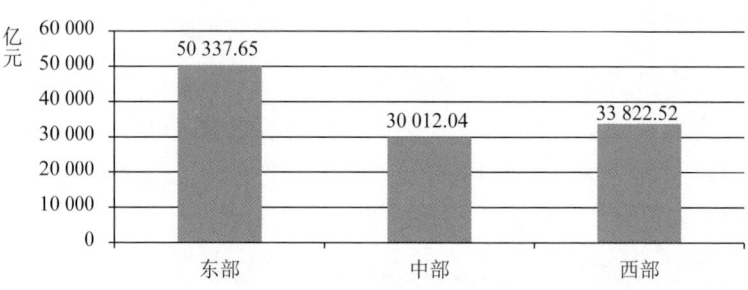

图 3-6　2020 年三大经济带国内旅游收入情况

2. 各省份接待国内游客人数差距明显,但差距不如旅游收入显著

由图 3-7 可以看出,2020 年我国各省份国内接待游客人数差距较大,其中湖南省以 6.90 亿人次位居全国榜首,广西壮族自治区则位居第二,接待国内游客人数为 6.61 亿人次,第三位山东省,接待国内游客人数为 5.77 亿人次,浙江省退居第四位,为 5.70 亿人次。宁夏、青海、西藏、海南四个省、自治区接待游客数量相对较少,均不足 1 亿人次。

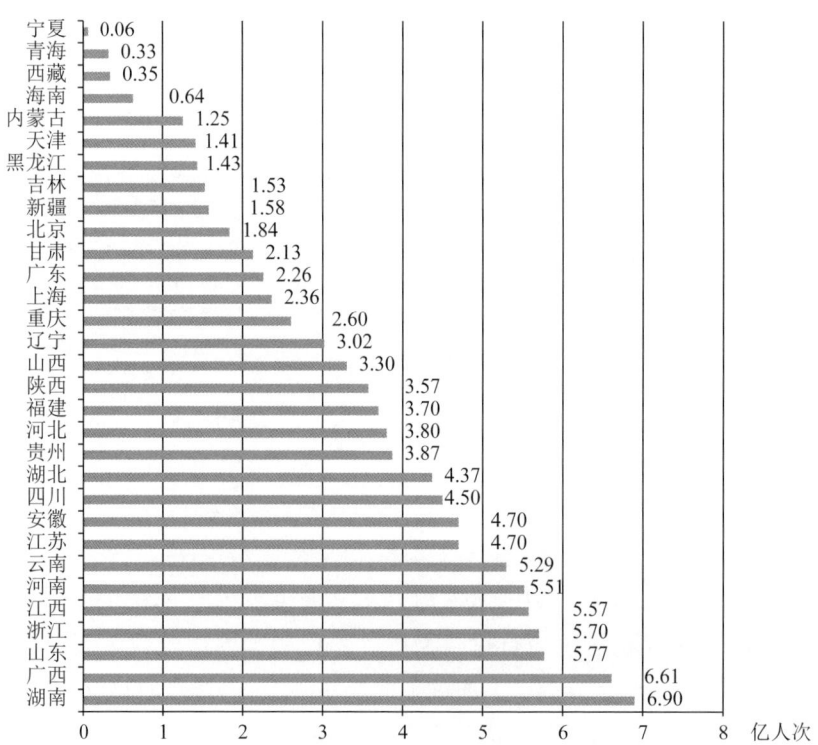

图 3-7　2020 年各省份国内旅游接待规模

由图 3-8 可以看出，我国各省份之间国内旅游接待人数增长率的差距较大。其中增长率最低的是山西省，国内旅游接待人数增长率为 -60.10%，显著低于其他省份。重庆市、宁夏回族自治区及河北省的旅游接待人数下跌幅度也较大，其增长率分别为 -52.10%、-52.10% 和 -51.40%。旅游接待人数增长率最高的省份是西藏、湖南、河南，这三个省区的增长率均高于 -20%，分别为 -11.50%、-16.20% 和 -17.14%。

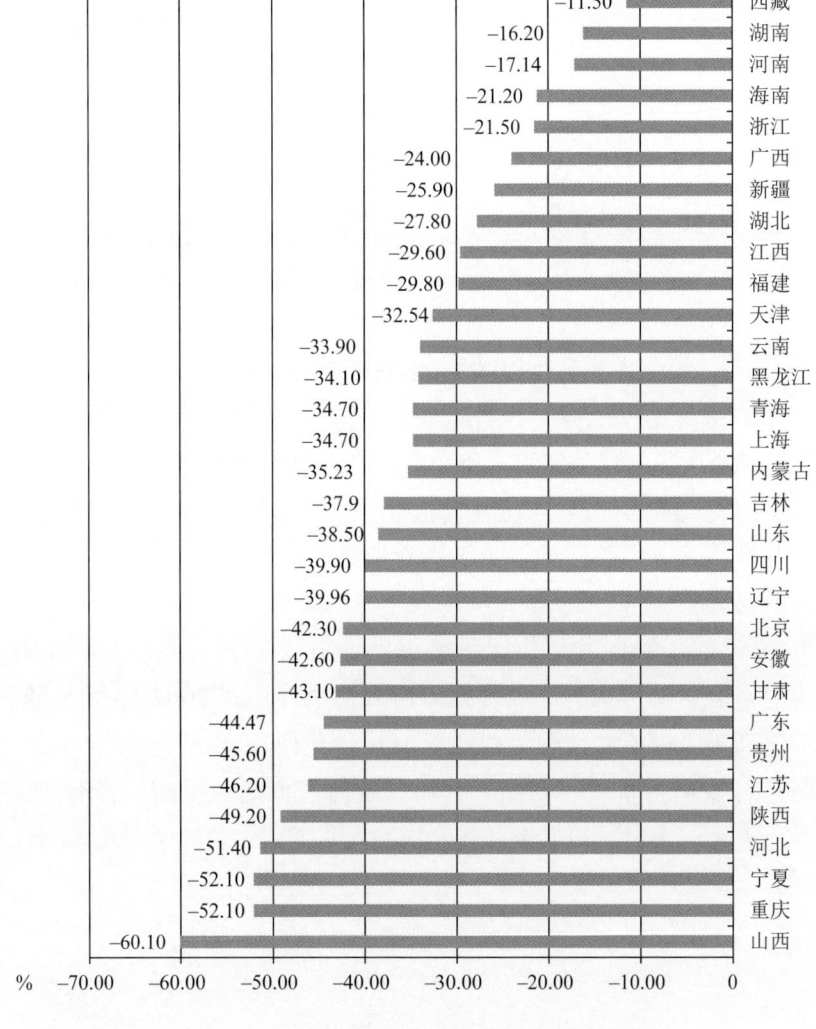

图 3-8　2020 年各省国内旅游接待人数增长率

由图 3-9 可以看出，三大经济带旅游接待量之间存在着较大差异，东部地区凭借接待 38.16 亿人次的游客量而位居榜首，而中部地区游客接待量最少，为 30.35 亿人次，西部地区为 32.14 亿人次，旅游接待人数呈现出东多中少的空间格局。

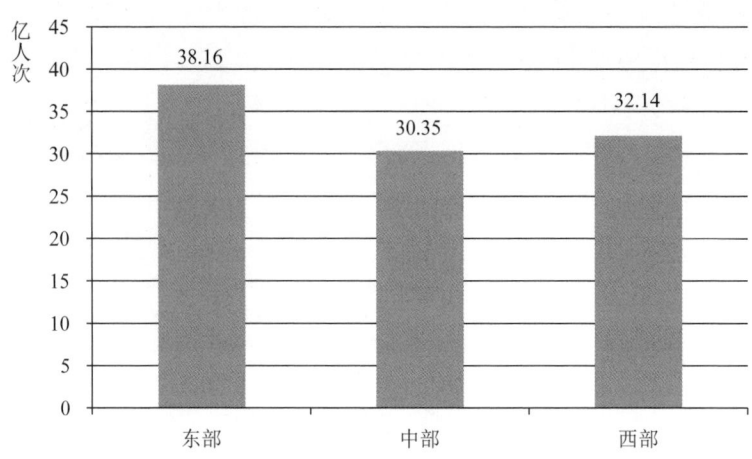

图 3-9　2020 年三大经济带国内旅游接待量

3. 目的地旅游消费与旅游产业发展水平呈现正相关关系

国内旅游人均消费指标是由国内旅游收入除以国内旅游人次之后得出，反映了国内旅游每人次的消费额，是反映各地区旅游业创造价值能力的重要指标。本节主要研究 2020 年国内旅游人均消费在空间上的分布特征。

图 3-10 反映了我国各省份国内旅游人均消费差距。2020 年广东省的国内旅游人均消费位居全国第一，其国内旅游人均消费达到 2002.15 元，和 2019 年相比有所下降。国内旅游人均消费低于 1000 元的省份数量为 14 个，是 2019 年数量的两倍，分别是重庆、新疆、甘肃、陕西、贵州、河南、青海、山西、辽宁、安徽、天津、宁夏、河北和江西。

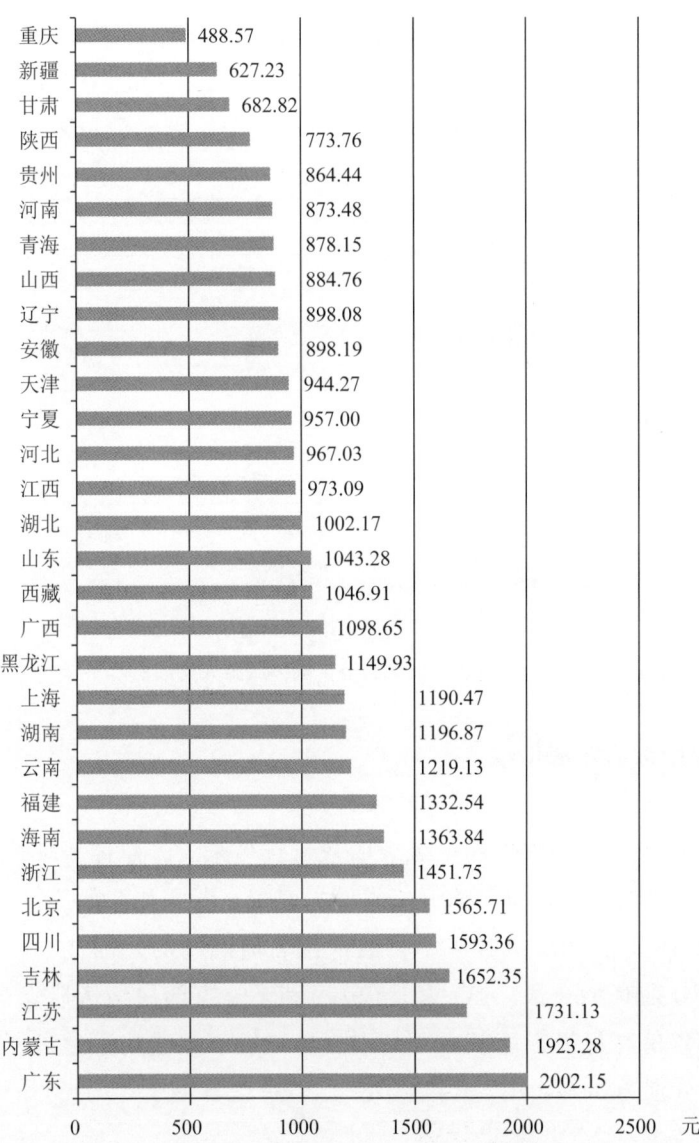

图 3-10 2020 国内各省份旅游人均消费水平

2020 年各地区的国内旅游人均消费地理分布，并不像国内旅游接待人数或国内旅游收入一样表现出明显的中、东、西分布的特征。其中，经济发达的京津地区和长三角地区旅游人均消费较高，而传统旅游大省（市）中重庆和甘肃等地区旅游人均消费则相对较低。

由图 3-11 可以看出三大经济带旅游接待量之间差异不显著，东部地区国内旅游人均消费为 1330.19 元，而西部地区为 1012.77 元，中部地区最少，为 971.43 元。

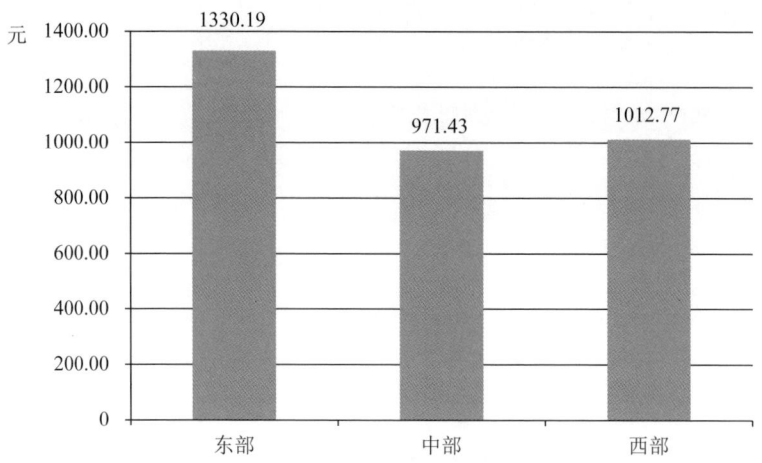

图 3-11　2020 年三大经济带国内旅游人均消费水平

（三）星级饭店发展指数

1. 各地区高星级饭店数量情况

2020 年，从我国各省份高星级饭店数量排名来看，总体呈现东多西少的格局。其中五星级饭店数量排名前三位省份为广东、浙江和江苏三省，分别为 101 家、82 家和 78 家。四星级饭店中，数量排名前四位的是浙江、山东、广东和江苏四省，分别有 168 家、137 家、129 家和 129 家四星级饭店。宁夏、青海、甘肃等西部省份高星级饭店较少，其中五星级饭店数量均不超过三家，四星级饭店的数量分别为 31 家、37 家和 80 家（图 3-12、图 3-13）。

第三章 国内旅游产业特征
Chapter 3 Characteristics of China Domestic Tourism Industry

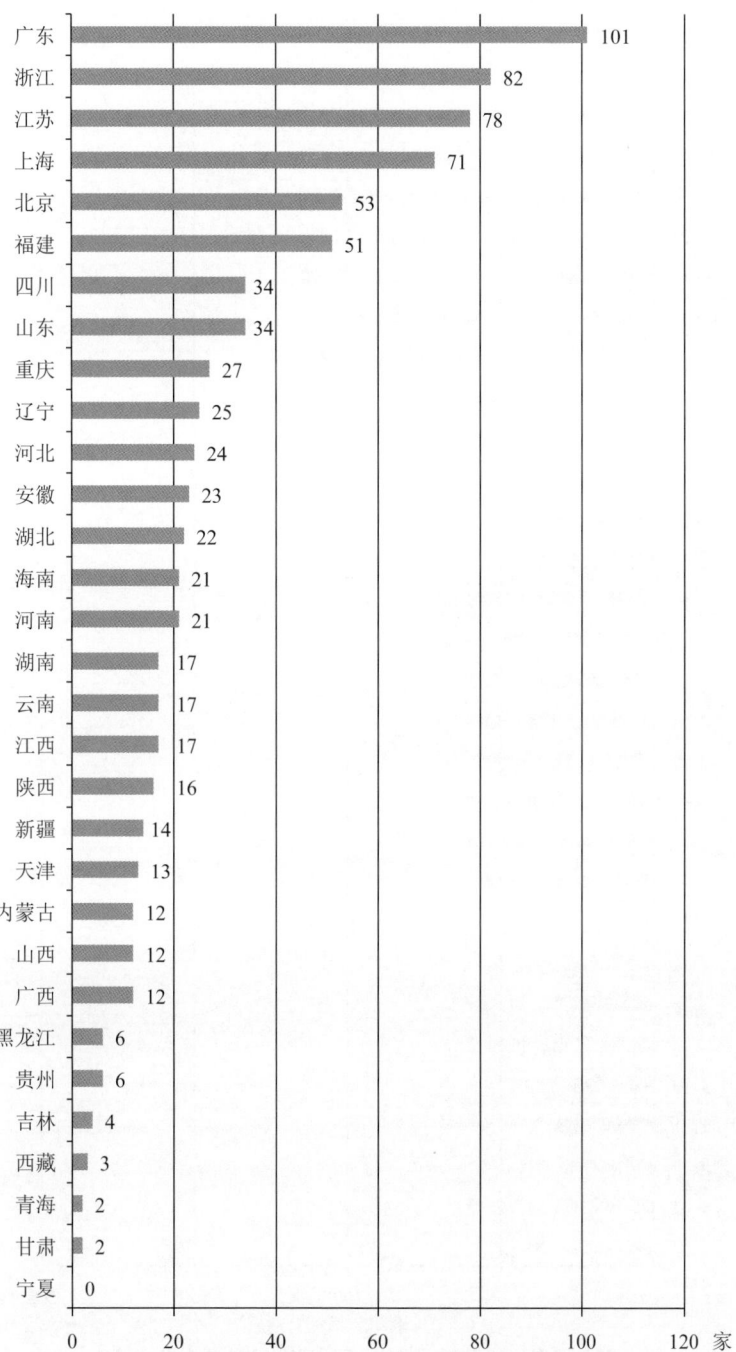

图 3-12 全国各省（市、区）5 星级饭店分布情况

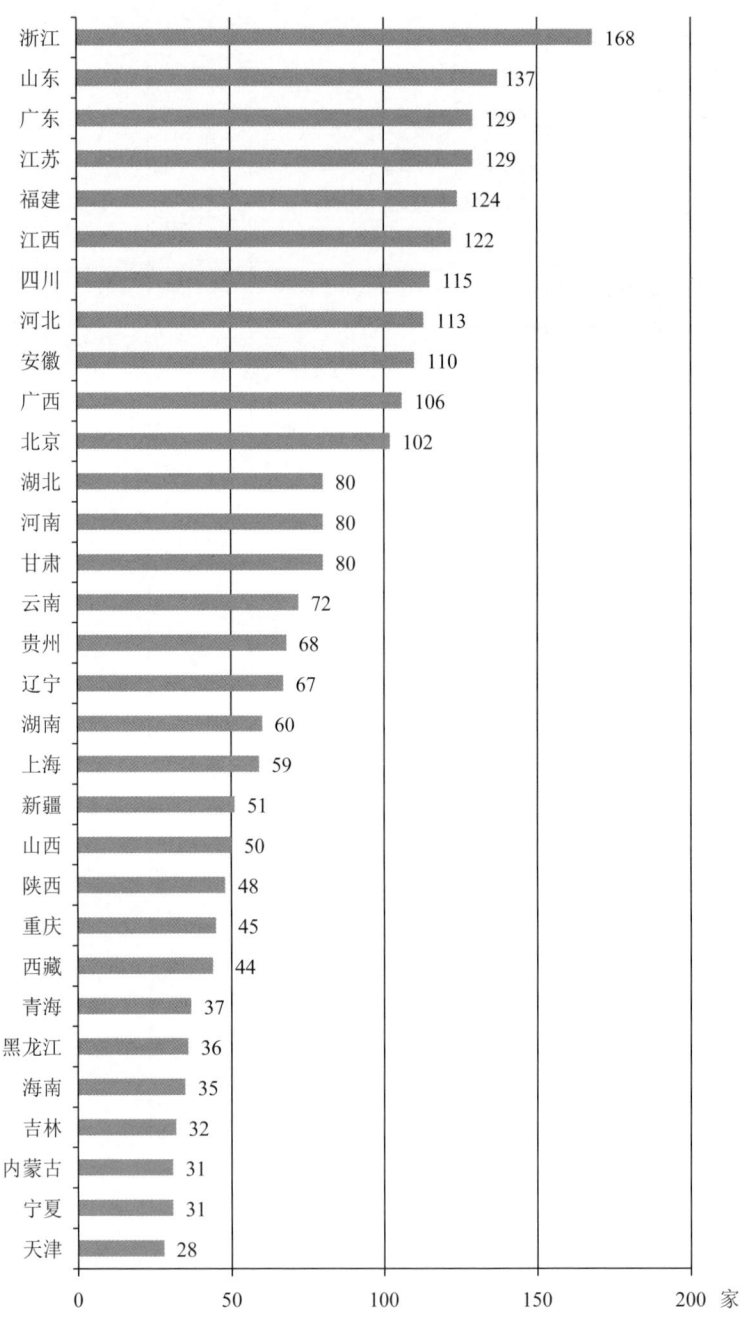

图 3-13　全国各省（市、区）4 星级饭店分布情况

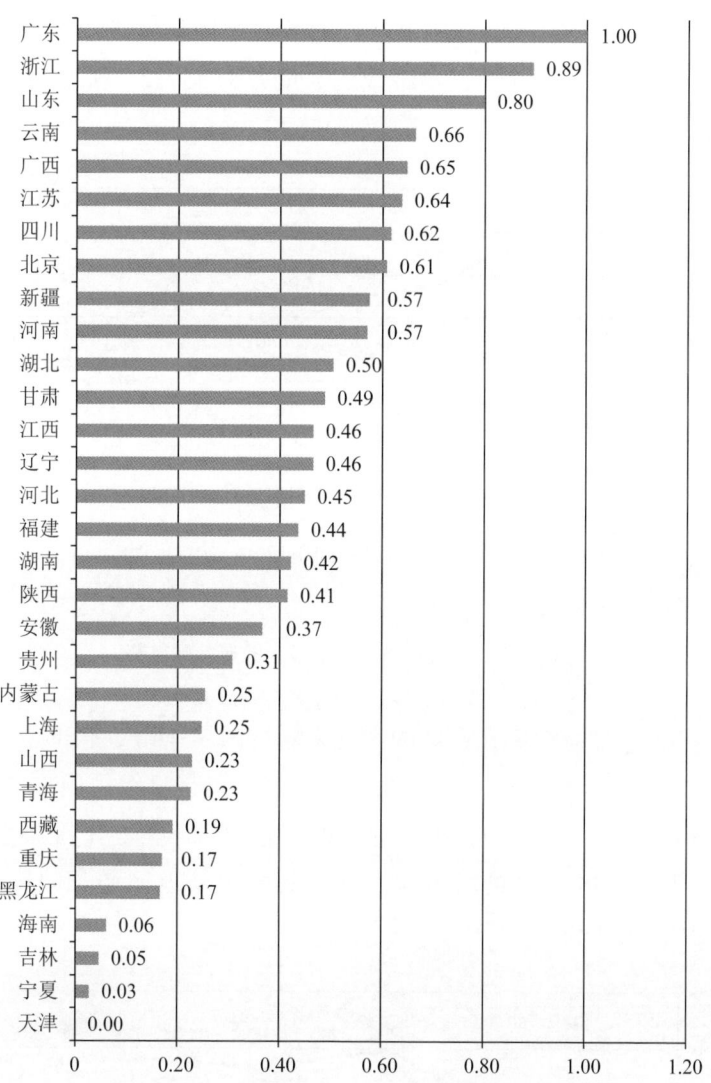

图 3-14　全国各省（市、区）星级饭店指数

综合考虑各省（市、区）星级饭店的数量和质量，可以计算得出星级饭店指数（见图 3-14）。从三大经济带星级饭店数量的发展趋势来看（图 3-15），东部、中部和西部的星级饭店数量在 2013 年到 2015 年整体呈下降趋势，直到 2016 年才均有所增加。相较于 2019 年星级饭店数量，2020 年星级饭店数量呈现上升趋势。其中东部地区的星级饭店数量最多，为 3695 家，数量较上一年有所下降，总数占全国星级饭店数的比重为 44%；西部地区次之，星级饭店数量

为3035家，数量较上一年也有所下降，总数占全国星级饭店数的比重为36%；中部地区的星级饭店数量最少，星级饭店数量为1645家，总数占全国星级饭店数的比重为20%。

图3-15　三大经济带星级饭店数量发展趋势

从三大经济带星级饭店在全国的占比来看（图3-16），东部所占比重最大，西部次之，中部所占的比重最小。2020年三大经济带星级酒店在全国的占比相较于2019年有所变化。其中，东部地区的比重出现下降，下降幅度为4%。而中部地区和西部地区的比重均出现上涨，其中中部地区增长幅度较小，不足1%，西部地区增长幅度为3%。

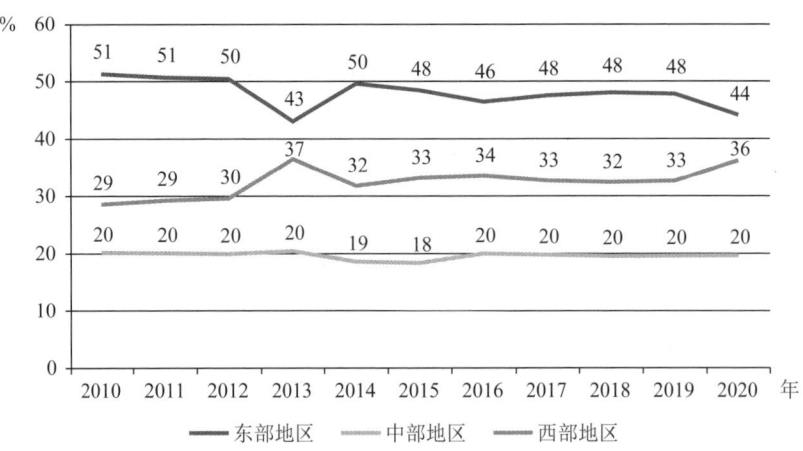

图3-16　三大经济带星级饭店数占全国比重

2.各地区星级饭店经营情况

（1）总体情况

根据《2020年全国星级饭店统计报告》数据，全国星级饭店平均房价为313.91元/间夜，平均出租率为38.98%，每间可供出租客房收入为122.37元/夜，每间客房平摊营业收入为105.25千元。

从2020年全国各地区酒店经营情况来看，平均房价高于全国平均水平313.91元/间夜的有10个省份，位居全国前5位的分别为上海、北京、海南、天津和广东，其中上海最高为603.04元/间夜。平均出租率高于全国平均水平38.98%的有17个省份，位居前5位的分别为湖南、海南、四川、福建和西藏，其中湖南最高为49.27%。每间可供出租客房收入高于全国平均水平122.37元/夜的有10个省份，位居前5位的分别为海南、上海、北京、江苏和四川，其中海南最高为234.7元/夜。每间客房平摊营业收入高于全国平均水平105.25千元的有8个省份，位居前5位的为上海、江苏、北京、浙江和海南，其中上海最高为195.61千元。

（2）全国各星级饭店经营情况

全国星级饭店经营情况如表3-1、表3-2、表3-3所示。

表3-1 全国星级饭店主要指标前十地区统计表

地区	平均房价（元/间夜）	地区	平均出租率（%）	地区	每间可供出租客房收入（元/夜）	地区	每间客房平摊营业收入（千元）	地区	全员劳动生产率（千元/人）	地区	人均实现利润（千元）
上海	603.04	湖南	49.27	海南	234.70	上海	195.61	上海	267.98	海南	21.78
北京	528.14	海南	44.81	上海	221.31	江苏	167.62	北京	217.50	贵州	-1.45
海南	523.81	四川	44.04	北京	166.73	北京	149.43	江苏	204.85	福建	-4.54
天津	387.06	福建	43.72	江苏	147.68	浙江	143.09	浙江	203.50	甘肃	-4.56
广东	383.13	西藏	42.76	四川	146.64	海南	134.92	海南	192.69	云南	-6.13
江苏	352.46	江苏	41.90	广东	145.77	广东	128.62	广东	169.89	江西	-6.49
四川	332.97	浙江	41.72	福建	144.46	福建	120.89	贵州	163.60	江西	-8.83
福建	330.42	河南	40.84	浙江	137.19	山东	120.63	福建	157.81	陕西	-9.44
浙江	328.85	广西	40.52	天津	130.43	天津	104.99	天津	157.52	青海	-9.58
重庆	319.66	贵州	40.44	重庆	128.00	湖南	100.89	山东	153.97	湖南	-10.32

平均房价：位居前10位的地区为上海、北京、海南、天津、广东、江苏、四川、福建、浙江、重庆。

平均出租率：位居前10位的地区为湖南、海南、四川、福建、西藏、江苏、浙江、河南、广西、贵州。

每间可供出租客房收入：位居前10位的地区为海南、上海、北京、江苏、四川、广东、福建、浙江、天津、重庆。

每间客房平摊营业收入：位居前10位的地区为上海、江苏、北京、浙江、海南、广东、福建、山东、天津、湖南。

全员劳动生产率：位居前10位的地区为上海、北京、江苏、浙江、海南、广东、贵州、福建、天津、山东。

人均实现利润：位居前10位的地区为海南、贵州、福建、甘肃、云南、江苏、江西、陕西、青海、湖南。

（3）全国星级饭店经营情况与上年同期比较

2020年全国星级酒店平均房价为313.91元，其中五星级平均房价高于全国房价为518.81元，与2019年同期相比下降了12.89%；2020年全国星级酒店平均出租率为38.98%，其中五星级、四星级出租率均超过全国平均出租率，分别为40.38%和39.09%，同期相比下降了33.68%和29.06%；2020年每间可供出租客房收入为122.37元/夜，其中五星级每间可供出租客房收入高于全国平均收入，为209.5元/夜，同期相比下降幅度高达42.23%；2020年，每间客房平摊营业收入为105.25千元，其中五星级收入为179.73千元，下降幅度达43.02%。

表3-2 全国星级饭店经营情况

指标	单位	五星级	四星级	三星级	二星级	一星级	星级饭店
平均房价	元	518.81	300.21	206.21	161.85	117.28	313.91
平均出租率	%	40.38	39.09	37.99	38.61	35.74	38.98
每间可供出租客房收入	元/夜	209.50	117.35	78.33	62.50	41.92	122.37
每间客房平摊营业收入	千元	179.73	103.67	66.61	47.78	27.58	105.25
全员劳动生产率	千元/人	211.44	151.53	126.98	117.39	125.38	161.41
人均实现利润	千元	-14.15	-20.07	-10.94	-4.72	7.92	-15.29
人均占用固定资产原值	千元	824.87	546.00	367.19	290.55	241.95	571.02
百元固定资产创营业收入	元	25.63	27.75	34.58	40.40	51.82	28.27

表 3–3　全国星级饭店与上年同期经营比较

指标	单位	五星级同比%	四星级同比%	三星级同比%	二星级同比%	一星级同比%	星级饭店同比%
平均房价	元	−12.89	−9.48	−8.62	−10.10	4.38	−11.15
平均出租率	%	−33.68	−29.06	−27.20	−25.69	−31.68	−29.37
每间可供出租客房收入	元/夜	−42.23	−35.78	−33.48	−33.20	−28.69	−37.24
每间客房平摊营业收入	千元	−43.02	−31.20	−26.92	−22.20	−35.07	−34.16
全员劳动生产率	千元/人	−35.50	−24.60	−17.19	−20.41	−0.29	−10.84
人均实现利润	千元	−159.73	−1920.62	−971.23	−208.06	78.54	−406.74
人均占用固定资产原值	千元	6.78	8.53	−1.78	−3.05	11.40	29.54
百元固定资产创营业收入	元	−39.60	−29.03	−15.69	−17.91	−10.49	−31.17

（4）全国 50 个重点旅游城市情况

2020 年全国 50 个重点旅游城市星级饭店营业收入为 748.12 亿元，其中上海市营业收入最高，达到 101.17 亿元。

从全国各城市经营情况看（表 3-4、表 3-5），平均房价高于全国平均水平 313.91 元 / 间夜的有 29 个城市，位居前 10 位的分别为三亚、上海、北京、深圳、广州、成都、武汉、南京、厦门和苏州，其中三亚的平均房价最高，为 682.46 元 / 间夜。平均出租率高于全国平均水平 38.98% 的有 31 个城市，位居前 10 位的分别为南京、长沙、温州、三亚、济南、石家庄、拉萨、厦门、贵阳和成都，其中南京的平均出租率最高，为 48.83%。每间可供出租客房收入高于全国平均水平 122.37 元 / 夜的有 27 个城市，位居前 10 位的分别为三亚、上海、南京、深圳、成都、厦门、济南、广州、武汉、长沙，其中三亚的每间可供出租客房收入最高，为 325.73 元 / 夜。每间客房平摊营业收入高于全国平均水平 105.25 千元的有 24 个城市，位居前 10 位的分别为南京、济南、上海、无锡、深圳、温州、三亚、长沙、苏州、杭州，其中南京的每间客房平摊营业收入最高，为 241.96 千元。

表 3-4　全国 50 个重点旅游城市星级饭店主要指标前十统计表

地区	平均房价（元/间夜）	地区	平均出租率（%）	地区	每间可供出租客房收入（元/夜）	地区	每间客房平摊营业收入（千元）
三亚市	682.46	南京市	48.83	三亚市	325.73	南京市	241.96
上海市	603.04	长沙市	48.74	上海市	221.31	济南市	203.91
北京市	528.14	温州市	48.64	南京市	211.06	上海市	195.61
深圳市	502.16	三亚市	47.73	深圳市	209.64	无锡市	194.84
广州市	438.81	济南市	47.51	成都市	194.95	深圳市	193.57
成都市	433.95	石家庄市	47.26	厦门市	189.40	温州市	177.76
武汉市	432.61	拉萨市	46.72	济南市	185.37	三亚市	171.32
南京市	432.26	厦门市	45.91	广州市	178.91	长沙市	160.43
厦门市	412.51	贵阳市	45.26	武汉市	177.42	苏州市	157.36
苏州市	409.40	成都市	44.92	长沙市	174.77	杭州市	151.24

表 3-5　全国 50 个重点旅游城市星级饭店经营情况统计表

地区	全员劳动生产率（千元/人）	人均实现利润（千元）	平均房价（元/间夜）	平均出租率（%）	每间可供出租客房收入（元/夜）	每间客房平摊营业收入（千元）
北京市	217.50	-37.64	528.14	31.57	166.73	149.43
天津市	157.52	-27.16	387.06	33.70	130.43	104.99
石家庄市	171.38	-12.37	331.02	47.26	156.44	147.82
秦皇岛市	136.37	-69.14	380.05	19.25	73.15	59.05
太原市	161.65	-12.92	227.15	42.26	96.01	103.84
呼和浩特市	120.81	-17.40	301.37	36.93	111.31	82.30
沈阳市	148.93	-18.98	276.77	38.50	106.57	89.59
大连市	127.78	-37.99	279.90	28.68	80.27	72.38
长春市	132.21	-46.33	293.03	39.63	116.14	101.59
哈尔滨市	125.05	-32.68	271.47	36.52	99.15	69.17
上海市	267.98	-22.55	603.04	36.70	221.31	195.61

续表

地区	全员劳动生产率（千元/人）	人均实现利润（千元）	平均房价（元/间夜）	平均出租率（%）	每间可供出租客房收入（元/夜）	每间客房平摊营业收入（千元）
南京市	276.14	7.27	432.26	48.83	211.06	241.96
无锡市	208.13	-0.95	387.11	40.47	156.67	194.84
苏州市	203.53	-19.65	409.40	35.84	146.71	157.36
杭州市	221.03	-22.43	382.21	43.74	167.19	151.24
宁波市	196.73	-24.35	352.84	39.76	140.31	141.72
温州市	214.59	-9.66	324.37	48.64	157.76	177.76
合肥市	192.73	-8.97	347.16	43.50	151.00	134.02
黄山市	115.43	-33.40	340.45	28.02	95.38	69.55
福州市	170.11	4.86	383.56	41.64	159.73	144.23
厦门市	185.57	-14.51	412.51	45.91	189.40	129.43
泉州市	131.38	-4.72	283.32	39.45	111.76	117.68
南昌市	147.09	-4.89	212.69	41.54	88.35	66.75
济南市	213.92	-1.49	390.14	47.51	185.37	203.91
青岛市	182.58	-8.02	348.50	41.11	143.27	119.24
郑州市	165.99	-18.57	324.14	41.94	135.94	111.61
洛阳市	120.36	-31.96	287.03	38.35	110.08	94.00
武汉市	196.82	-22.01	432.61	41.01	177.42	120.50
宜昌市	130.84	-17.67	214.57	37.11	79.64	65.30
长沙市	186.59	-3.89	358.56	48.74	174.77	160.43
张家界市	134.59	-97.80	181.97	40.25	73.25	69.96
广州市	190.61	-14.35	438.81	40.77	178.91	149.89
深圳市	244.57	-8.81	502.16	41.75	209.64	193.57
珠海市	132.36	-31.71	373.83	35.02	130.93	86.37
东莞市	157.26	-28.17	379.87	28.45	108.09	118.34
南宁市	167.74	-7.01	234.93	42.98	100.98	91.79

续表

地区	全员劳动生产率（千元/人）	人均实现利润（千元）	平均房价（元/间夜）	平均出租率（%）	每间可供出租客房收入（元/夜）	每间客房平摊营业收入（千元）
桂林市	104.98	-44.51	228.88	31.60	72.32	47.44
海口市	149.45	-19.93	280.62	42.52	119.31	87.96
三亚市	223.32	55.00	682.46	47.73	325.73	171.32
重庆市	143.79	-27.83	319.66	40.04	128.00	91.71
成都市	167.68	-10.08	433.95	44.92	194.95	132.14
贵阳市	213.68	6.67	383.60	45.26	173.61	132.29
昆明市	126.05	-10.26	291.63	38.00	110.82	95.90
丽江市	112.25	-6.10	251.27	33.13	83.25	47.01
拉萨市	116.31	-36.53	263.42	46.72	123.08	46.76
西安市	137.51	-13.25	335.63	39.89	133.89	97.60
兰州市	116.52	-10.41	270.37	42.54	115.01	73.84
西宁市	141.94	-19.58	310.15	38.05	118.00	92.22
银川市	117.56	-23.02	234.97	36.51	85.80	70.55
乌鲁木齐市	138.70	-28.10	271.11	43.80	118.75	91.80

（5）50个重点旅游城市星级酒店规模结构

全国50个重点旅游城市星级酒店中，三星级酒店数量最多，达1193家，其次是四星级酒店，有989家，五星级534家，二星级和一星级数量较少，分别是252家和3家。同等级下全国星级酒店占比最多的是五星级酒店，达65.12%，最少是一星级为10%，总占比是全国星级酒店的35.27%（表3-6）。

表3-6 全国50个重点旅游城市星级酒店规模结构

指标	五星级	四星级	三星级	二星级	一星级	星级饭店
饭店数量（家）	534	989	1193	252	3	2971
占全国同等级饭店比例（%）	65.12	41.23	29.28	22.91	10.00	35.27

(四)旅行社发展指数

2020年,我国旅行社数量仍呈东多西少的分布态势。具体来说(见图3-17),旅行社最多的省市为广东省,其次为北京、江苏、浙江、山东。与2019年的旅行社统计数据相比,海南省旅行社数量有较大幅度增长,增长幅度升至第一位。新疆、湖南、贵州、甘肃的旅行社数量也有较大幅度增加,增长幅度均超过10%,位居前五。东北部地区、中部地区、西部地区和东部地区的旅行社数量均有较大的增长。从区域来看,旅行社总数最少的区域是东北地区。从省份来看,旅行社总数最少的省份依次为宁夏、西藏、天津、青海和海南。

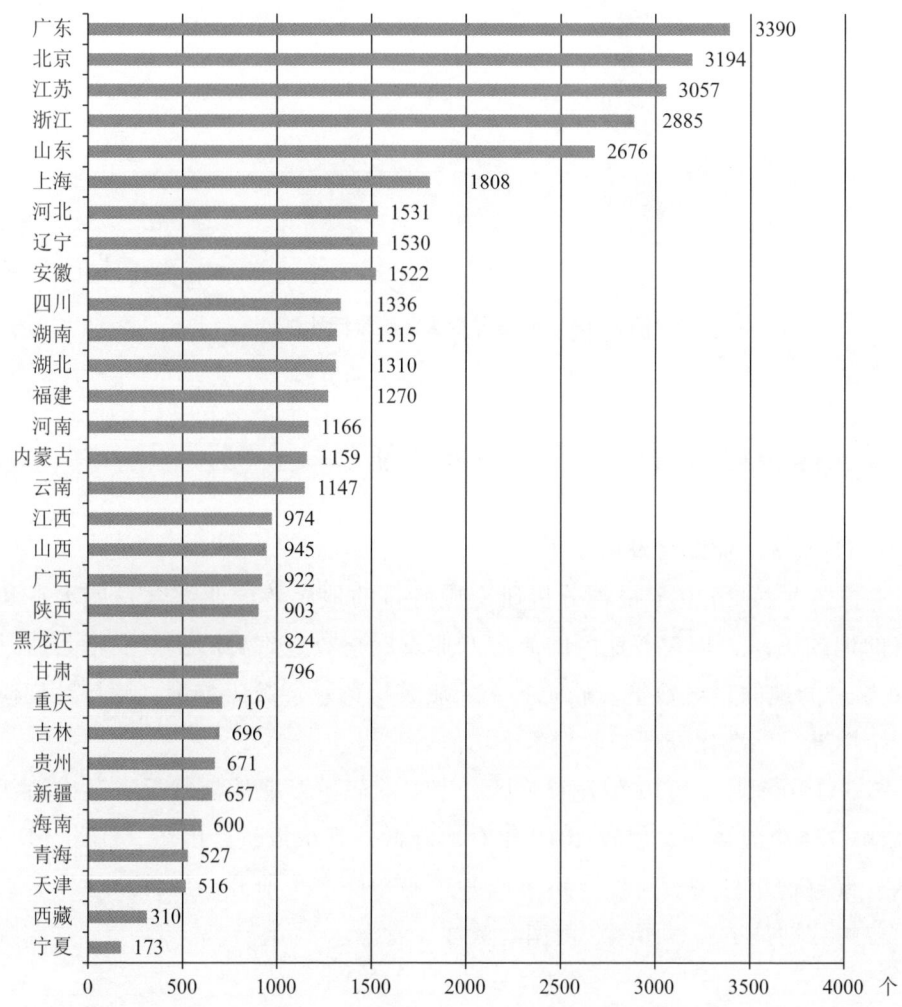

图3-17 2020年各省(区、市)旅行社总数

从图 3-18 中可以看出，2020 年四大区域旅行社分布情况依旧呈现出区域分布不均的问题，即东多、中西少。其中，东部地区的旅行社数量大于中部地区、西部地区和东北部地区的旅行社数量的总和，处于遥遥领先的发展地位。而东北部地区的旅行社数量仅为 3050 个，其中原因首先是东北地区仅有吉林、辽宁和黑龙江三个省份，同时也与三省旅游市场不发达有关。

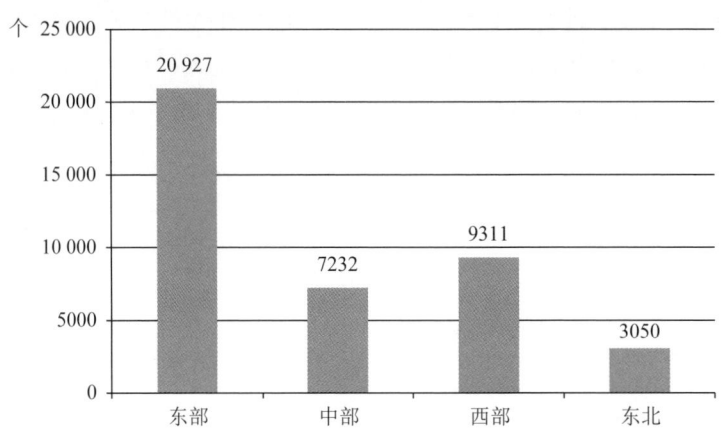

图 3-18　2020 年四大区域旅行社总数

二、国内旅游目的地产业发展特征

（一）旅游产业综合发展水平

本报告延续 2020 年报告分析研究旅游目的地旅游产业综合发展水平和旅游目的地的关系，构建各地区的旅游产业发展指数。旅游产业发展指数通过对 2020 年目的地的景区数量、旅游收入、旅游接待量、饭店数量、旅行社规模共五个指标进行标准化处理并取算术平均值后得出。

图 3-19 反映了 2020 年各省（区、市）的旅游产业发展状况，其中浙江省以 0.84 位居全国第一，但较 2019 年有所降低，其次依然是山东、江苏、广东、广西，五省份位列各省（区、市）旅游产业发展水平前五。旅游产业发展水平后五位的分别是宁夏、西藏、海南、天津、青海。

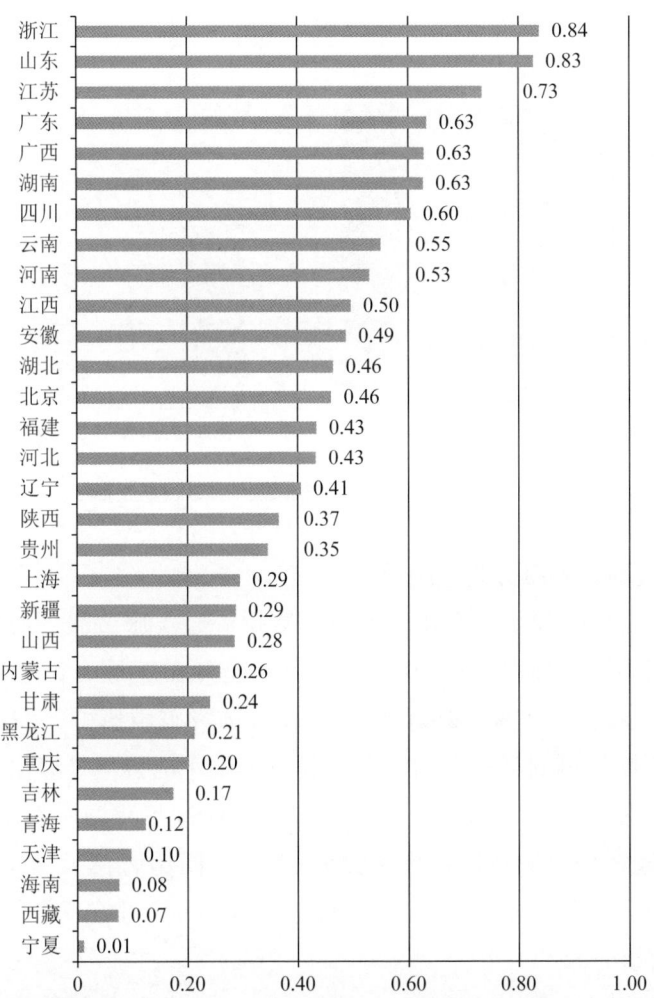

图 3-19 2020 各省（区、市）旅游产业发展指数

由图 3-20 可以看出，我国四大区域的旅游产业综合发展水平东部地区和中部地区齐头并进，东部地区发展指数为 0.483，中部地区发展指数为 0.481，西部地区发展指数为 0.307，东北地区发展指数则为 0.264。整体依然保持东高西低的大空间格局，东中部地区发展迅速，与当地的旅游设施建设、地方政府层面的政策支持密不可分。目前，东部地区以微弱的优势暂居第一位，与中部地区差距较小。

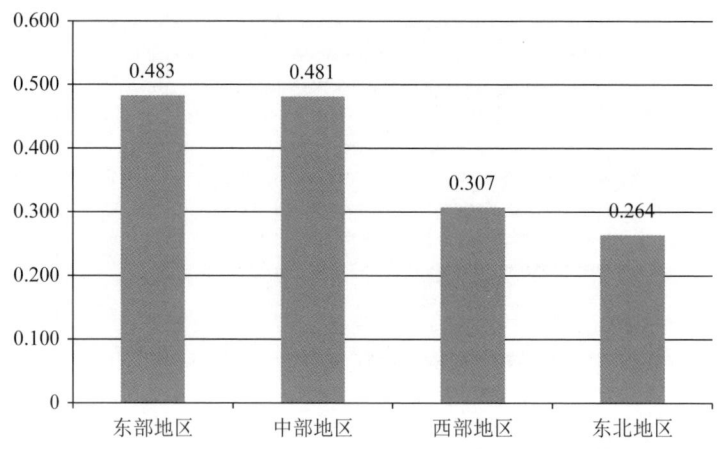

图 3-20　2020 年四大区域旅游产业综合发展指数

（二）目的地旅游服务质量指数

根据中国旅游研究院（文化和旅游部数据中心）旅游服务质量调查报告显示，2020 年全国旅游服务质量在稳步上升。全年游客综合满意度评价指数为 80.95，同比增长了 0.77%。2020 年受到新冠肺炎疫情影响，我国旅游业从全面停止到逐渐恢复再到目前全面复苏，经历了不小的挑战。以出行安全和卫生诉求为首要出发点，将旅游与科技快速融合，促进了我国旅游服务创新发展。2020 年国内散客综合满意度评价指数为 83.61，同比增长了 3.36%。跟团游客综合满意度评价指数为 84.25，同比增长 2.29%，人民对旅游服务产品整体满意度得到了显著提升。

新冠肺炎疫情的防控对目的地餐饮、交通、购物、休闲等场景提出了更高的卫生、安全等方面的服务要求，倒逼旅游业服务窗口稳步提升。2020 年，以旅行社、景区等典型业态的游客满意度分别达到 84.41 和 82.91，位列旅游相关行业前列。同时，交通、餐饮、购物、娱乐等方面的满意度也有所增加。2020 年下半年，新的产品和服务根据大众需求以及当时政策形式加以调整创新，从而促进旅游行业服务质量总体发展趋势向上。

三、绿色发展对文旅产业产生重要影响

（一）积极应对气候变化对旅游发展提出新要求

《中华人民共和国国民经济和社会发展第十四个五年规划和2035年远景目标纲要》中明确提出了未来一段时期的我国低碳发展目标，主要包括以下方面的内容。

落实2030年应对气候变化国家自主贡献目标，制订2030年前碳达峰行动方案。完善能源消费总量和强度双控制度，重点控制化石能源消费。实施以碳强度控制为主、碳排放总量控制为辅的制度，支持有条件的地方和重点行业、重点企业率先达到碳排放峰值。推动能源清洁低碳安全高效利用，深入推进工业、建筑、交通等领域低碳转型。加大甲烷、氢氟碳化物、全氟化碳等其他温室气体控制力度。提升生态系统碳汇能力。锚定努力争取2060年前实现碳中和，采取更加有力的政策和措施。加强全球气候变暖对我国承受力脆弱地区影响的观测和评估，提升城乡建设、农业生产、基础设施适应气候变化能力。加强青藏高原综合科学考察研究。坚持公平、共同但有区别的责任及各自能力原则，建设性参与和引领应对气候变化国际合作，推动落实《联合国气候变化框架公约》及其《巴黎协定》，积极开展气候变化南南合作。

（二）绿色发展成为旅游业高质量发展的重要路径

"双碳目标"的提出，对于旅游产业的发展既是机遇又是挑战，将推动我国旅游产业的低碳转型发展。旅游业的交通、住宿、餐饮、娱乐等设施排出大量的二氧化碳，对气候变化产生严重影响。同时，通过在旅游消费、旅游产品生产、旅游设施运营等过程中充分运用低碳化技术、清洁能源和材料、绿色技术、碳中和与碳补偿技术等，能够成为现代旅游业向高质量和可持续方向转型发展的重要抓手和契机。

四、绿色旅游创新发展典型案例

（一）四川省稻城县[①]

四川省稻城县不断强化绿色发展理念，构建"两山"转化的体制机制，大

---

① 生态环境部绿色发展示范案例库第10号。

力实施"生态立县、旅游强县、人才兴县、依法治县"四大战略。

创新景区厕所新模式，采用先进的泡沫封堵微生物降解环保节能技术，解决了高原地区无公共厕所的传统难题；创新生态惠民新模式，亚丁村等一批由全县最落后的村落变为县域最富有的村落，麻格同村成功入围"世界旅游联盟旅游减贫案例"；创新生态修复模式，注重全景式打造、全社会参与、全产业发展、全方位服务、全区域管理，打造了8万亩青杨防护林，成为全世界海拔最高、面积最大的青杨人工林，被誉为"离太阳最近的绿色工程"。稻城县以"旅游+体育""旅游+科技""旅游+文化"等创新模式，提升绿色发展总量。努力把全域打造成公园、处处打造成景观、村村打造成景点，在筑牢绿色本底的同时保值增值自然资本。

（二）云南省怒江傈僳族自治州[①]

怒江地处中缅滇藏接合部，"三江并流"世界自然遗产地，曾是全国深度贫困"三区三州"之一。境内有高黎贡山国家级自然保护区和云岭省级自然保护区，是西南边境重要的生态屏障。怒江州委、州政府始终在脱贫攻坚中保护好绿水青山，走出了一条脱贫攻坚与生态环境保护双促共赢的路子。

打好生态底色，创新脱贫模式。创新"生态护林员+"模式，实施退耕还林还草，把荒山变成了生态林、经济林；发展峡谷特色生态产业，培育发展文化旅游产业，保护传承民族文化，助力脱贫攻坚；推进产业帮扶，建成46个扶贫车间，组建186个生态扶贫专业合作社。

筑牢生态屏障，巩固保护成果。通过实施退耕还林还草、生态修复以及加强生物多样性监测和技能培训，2019年森林覆盖率达78.08%，巩固了生物多样性保护成果，不断发现新分布珍稀野生动植物。

（三）广西壮族自治区桂林市龙胜各族自治县[②]

2020年，龙胜各族自治县被生态环境部命名为"绿水青山就是金山银山"实践创新基地。

龙胜是中南地区最早成立的民族自治县，是国家级重点生态功能区，森林覆盖率80.48%，有花坪国家级自然保护区、温泉国家森林公园、建新自治区级自然保护区；境内"龙脊梯田"被联合国粮农组织评为"全球重要农业文化遗产地"；拥有"南方呼伦贝尔草原"之称的南山天然牧场。红色文化底蕴深厚，

---

① 生态环境部绿色发展示范案例库第105号。
② 生态环境部绿色发展示范案例库第144号。

保留有红军岩、红军楼、审敌堂等红色文化遗址。先后获得了全国休闲农业与乡村旅游示范县、广西壮族自治区生态县、广西特色旅游名县等称号，作为桂林名片频繁亮相中央电视台等重要媒体平台。

依靠得天独厚的自然优势和多民族文化底蕴，在坚定保护好绿水青山的同时，积极把生态优势转化为经济优势，把生态资本转化为发展资本，确立了"生态立县、绿色崛起"的发展理念和"生态·旅游·扶贫"的发展思路。以有机特色农业为重点，建设具有特色的"有机产业大园区"，走"两茶一果＋特色养殖"和"一品两带三区"的特色农业发展思路。积极推广"公司＋合作社＋能人＋农户"发展模式，有力促进农业增产、农民增收。确定了"全县大景区，全域大旅游"以及"全域一区一线"的规划思路和"以山养山、以山养人"的发展模式，涌现出了龙脊梯田（农业＋旅游综合开发）、民族古寨、富硒纯净水产业、风电产业等一大批"两山"转化典型案例。

（四）北京市门头沟区[①]

2020年门头沟区被生态环境部命名为国家生态文明建设示范区。门头沟是首都最重要的生态屏障和水源涵养地之一，素有"三山两寺一河"之称，形成了独具特色的生态山水文化、红色历史文化、民间习俗文化、古道古村文化、宗教寺庙文化和京西煤业文化"六大文化"，曾为北京的发展贡献了"一盆火""一腔血""一桶金""一片绿"的"四个一"。

门头沟全面践行习近平生态文明思想，以"建设生态文明建设的首都样板"为目标，以"红色门头沟"党建为引领，不断夯实生态文明建设责任和完善制度体系。以"守好绿水青山"为使命，全力筑牢首都西部生态屏障，彻底终结千年采煤史。通过强力控霾、治水、净土等措施全力打赢污染防治攻坚战。率先开展农村生活垃圾分类，推进"厕所革命"，完善污水收集处理设施建设，成为北京唯一受到国务院办公厅通报表彰的农村人居环境整治激励县。

全力打造"绿水青山门头沟"城市品牌，以科创智能、医药健康和文旅体验"三大产业"为支撑，精心培育绿色发展新动能。把"精品民宿"作为守护生态山水、建设美丽乡村的重要路径，设立乡村振兴绿色产业发展专项基金，创新出台"民宿政策服务包"，推出全市唯一地区性精品民宿品牌"门头沟小院"、全市首个区域性绿色产品品牌"灵山绿产"，助力农民生态致富。

---

① 生态环境部绿色发展示范案例库第28号。

第四章
国内旅游流动特征

一、国内旅游客流分析

2020年,国内旅游流动虽然在初期受到疫情的较大冲击,但在大幅度下降过后持续恢复,最终在总量上保持了增长的势头、在结构上实现了质的提升。

(一)国内旅游流呈先降后升的"V"形走势

随着旅游业复工复产政策效果逐步显现,国内旅游流指标在年初大幅下降后持续恢复,全年呈现先降后升的"V"形走势。2020年末,铁路、公路、水路、民航客运量分别恢复至2019年的60.2%、53.0%、54.8%和63.3%。

(二)快捷高效旅游交通比重持续提高

2020年末,我国高铁营业里程已达3.8万公里,已覆盖近95%的百万以上人口城市,动车组承担了铁路客运量的65%。我国高速公路里程16.1万公里,已覆盖近100%的20万以上人口城市。我国民航机场已覆盖92%的地级行政区,航班正常率超过80%。革命老区、民族地区、边疆地区、贫困地区的交通通达深度进一步提高。"快进慢游"已成为国内旅游新特征。

(三)区域交通网络推进旅游目的地一体化

我国京津冀暨雄安新区、长江经济带、粤港澳大湾区、长三角等重点区域的交通已经连片成网,区域交通网络建设有效促进了区域旅游目的地一体化。

(四)城乡公共交通促进本地游和乡村游发展

2020年末,我国百万以上人口城市公交站点500米覆盖率约100%。我国农村公路网规模不断扩大,农村公路里程达438.23万公里,新增通客车建制村超过3.35万个,乡村公共交通逐步实现主客共享。同时,网约车、共享单车等"共享交通"新业态层出不穷,"共享经济"有效促进旅游绿色化、便捷化发展。

(五)交通与旅游深度融合发展

公路网络、旅游服务区、客运枢纽、邮轮游轮游艇码头等交通设施进一步完善旅游服务功能。以大运河国家文化公园为典型代表,旅游风景道、高速公路特大桥、港口机场、水运枢纽等交通设施正在成为亮丽的"中国名片"和旅游景点。

二、重大交通工程的旅游影响展望

到21世纪中叶，我国将全面建成人民满意、保障有力、世界前列的交通强国。随着交旅融合战略的稳步推进，重大交通工程将对国内旅游发展产生深远影响。

（一）交通强国战略奠定旅游交通发展根基

2019年，中共中央、国务院印发了《交通强国建设纲要》，明确提出了交通强国战略的三个阶段发展目标。

到2020年，完成决胜全面建成小康社会交通建设任务和"十三五"现代综合交通运输体系发展规划各项任务，为交通强国建设奠定坚实基础。

到2035年，基本建成交通强国。现代化综合交通体系基本形成，人民满意度明显提高，支撑国家现代化建设能力显著增强；拥有发达的快速网、完善的干线网、广泛的基础网，城乡区域交通协调发展达到新高度；基本形成"全国123出行交通圈"（都市区1小时通勤、城市群2小时通达、全国主要城市3小时覆盖）和"全球123快货物流圈"（快货国内1天送达、周边国家2天送达、全球主要城市3天送达），旅客联程运输便捷顺畅，货物多式联运高效经济；智能、平安、绿色、共享交通发展水平明显提高，城市交通拥堵基本缓解，无障碍出行服务体系基本完善；交通科技创新体系基本建成，交通关键装备先进安全，人才队伍精良，市场环境优良；基本实现交通治理体系和治理能力现代化；交通国际竞争力和影响力显著提升。

到21世纪中叶，全面建成人民满意、保障有力、世界前列的交通强国。基础设施规模质量、技术装备、科技创新能力、智能化与绿色化水平位居世界前列，交通安全水平、治理能力、文明程度、国际竞争力及影响力达到国际先进水平，全面服务和保障社会主义现代化强国建设，人民享有美好交通服务。

（二）"十四五"规划明确旅游交通发展目标

2021年12月，国务院印发了《"十四五"现代综合交通运输体系发展规划》，对"十四五"时期和2035年远景目标的旅游综合交通发展明确了目标。

到2025年，综合交通运输基本实现一体化融合发展，智能化、绿色化取得实质性突破，综合能力、服务品质、运行效率和整体效益显著提升，交通运输发展向世界一流水平迈进。国家综合立体交通网主骨架能力利用率显著提高。以"八纵八横"高速铁路主通道为主骨架，以高速铁路区域连接线衔接，以部分兼顾干线功能的城际铁路为补充，主要采用250公里及以上时速标准的高速铁路网对50万人口以上城市覆盖率达到95%以上，普速铁路瓶颈路段基本消除。7条首都放射线、11条北南纵线、18条东西横线，以及地区环线、并行线、联络线等组成的国家高速公路网的主线基本贯通，普通公路质量进一步提高。布局完善、功能完备的现代化机场体系基本形成。港口码头专业化、现代化水平显著提升，内河高等级航道网络建设取得重要进展。综合交通枢纽换乘换装效率进一步提高。重点城市群一体化交通网络、都市圈1小时通勤网加快形成，沿边国道基本贯通。

展望2035年，便捷顺畅、经济高效、安全可靠、绿色集约、智能先进的现代化高质量国家综合立体交通网基本建成，"全国123出行交通圈"（都市区1小时通勤、城市群2小时通达、全国主要城市3小时覆盖）和"全球123快货物流圈"（快货国内1天送达、周边国家2天送达、全球主要城市3天送达）基本形成，基本建成交通强国。

（三）国家综合立体交通网谋划交通与旅游融合路径

2021年，中共中央、国务院印发了《国家综合立体交通网规划纲要》，对交通和旅游融合发展路径进行了具体的谋划，主要内容如下。

充分发挥交通促进全域旅游发展的基础性作用，加快国家旅游风景道、旅游交通体系等规划建设，打造具有广泛影响力的自然风景线。强化交通网"快进慢游"功能，加强交通干线与重要旅游景区衔接。完善公路沿线、服务区、客运枢纽、邮轮游轮艇码头等旅游服务设施功能，支持红色旅游、乡村旅游、度假休闲旅游、自驾游等相关交通基础设施建设，推进通用航空与旅游融合发展。健全重点旅游景区交通集散体系，鼓励发展定制化旅游运输服务，丰富邮轮旅游服务，形成交通带动旅游、旅游促进交通发展的良性互动格局。

三、交旅融合发展典型案例

（一）甘肃省[①]

甘肃的多元历史文化和多类自然风光使甘肃成为旅游大省。为促进旅游发

---

① 2020年9月28日，国务院新闻办"决战决胜脱贫攻坚 为全面建成小康社会提供坚实交通保障"发布会要点。

展,加快了交旅融合,重点加强交通基础设施建设。到2020年年底,20个大景区中,有17个通高速路或者一级公路。5个5A级景区通了高速公路,90%以上的4A级景区通二级以上公路,80%以上的3A级景区通三级以上公路,2A级及以下旅游景点和乡村旅游景点全部通硬化路。

甘肃70%的文化和旅游资源集中在乡村,交通部门将"四好农村路"建设和"美丽乡村"建设相融合,在保证建制村实现"两通"的基础上,累计建成1890公里旅游路、资源路和产业路,建成6000公里"千村美丽"示范村道路,并加快推进村道路的建设,广泛推行"交通+特色产业""交通+生态旅游""交通+电商快递"等扶贫模式,助推群众脱贫致富。

(二)盐城旅游公路[①]

盐城市依托独特丰富的资源禀赋,率先从旅游交通融合发展破题,系统规划建设美丽乡村旅游公路,构建"快进慢游"的旅游交通网络,展现盐城"金滩银荡"的独特资源和"鱼米之乡"的富足生活,全力打造"盐城旅游公路"品牌,成为全省实现交通强国路径的典型案例,为"农村公路+旅游"的融合发展提供了盐城经验。

2020年,盐城市新建成的旅游公路充分考虑"快进慢游"的旅游交通理念,一方面与国道、省道等干线公路连通,强化与外部的联系,保证"快进",另一方面打通"断头路",通过新建线路,并向景区延伸,着力推进旅游道路与景区和各级别旅游景区的延伸,形成"慢游"旅游交通网络;依托沿线生态自然资源,因地制宜配套必要的绿化,通过借景、融景等方式,实现以路引景、以景串线,使"路"成为一道美丽的风景线,实现路景交融的别样旅途享受。

其次,打造旅游公路品牌形象,在盐城旅游LOGO的基础上进行整合优化,以麋鹿、湿地为基本元素,融入道路抽象线条、三色边线和旅游公路编号元素,整体以绿、蓝、橙、紫为主要颜色,代表自然、梦想、活力和发展,全新诠释盐城旅游公路的品牌形象。

计划到2021年,构建"结构合理、功能完善、路景交融、各具特色、宜行宜游"的"畅、安、绿、舒、美"旅游交通网络,基本建成"全域畅通、深度开放"的"缤纷盐阜·多彩盐城"美丽乡村旅游公路,打造集"生态、景观、休闲、旅游"多功能于一体的盐城旅游千里景观廊道。

[①] 盐城新闻网.交旅融合打造最美风景线 旅游公路绘就全域旅游大美画卷.http://www.ycnews.cn/p/478732.html.

农村公路的发展是交通强国建设的重要组成部分。2020 年 4 月，《交通强国江苏方案》中明确提出，将"农村公路＋"发展模式列为交通强国建设江苏样板。盐城市实施的"农村公路＋旅游"融合发展成为实现交通强国路径的典型案例，对全面推进"四好农村路"建设发挥示范引领作用。

（三）云南大滇西环线交旅融合

2020 年 12 月交通运输部发布《关于云南省开展大滇西环线交旅融合发展等交通强国建设试点工作的意见》，原则同意开展大滇西环线交旅融合发展试点，主要创新性内容包括以下方面。

打造"游云南"交通出行板块，建设综合客运服务平台，推动综合交通旅客联程运输，探索普铁开行动车或开行"慢火车"等旅游交通产品。

推动交通出行数据资源与"游云南"平台对接，全面提供区块链+电子客票、高速公路服务区、停车场、公共交通等综合交通信息服务。推动交通出行服务信息整合，强化企业间信息互通，加强各类交通枢纽信息服务和系统数据共享协同。

推进出行服务综合体验提升工程，探索基于北斗技术的无站自由流收费，加强与移动支付机构合作，推动支持多种支付方式的公共交通便捷全覆盖，加快推动交通"一卡通"全覆盖。

第五章
国内节假日旅游特征

一、国内节假日旅游发展特征

（一）假日旅游市场持续复苏

全国文化和旅游系统扎实抓好文化和旅游领域疫情防控、安全生产和市场秩序，丰富假日市场产品供给，优化公共服务，假日旅游市场复苏明显，有力拉动了消费，提振了经济。以"旅游+"为驱动，假日经济有力拉动了消费。

经中国旅游研究院（文化和旅游部数据中心）测算，2021年春节假期七天，全国国内旅游出游合计2.56亿人次，同比增长15.7%，恢复至疫前同期的75.3%。实现国内旅游收入3011.00亿元，同比增长8.2%，恢复至疫前同期的58.6%。清明节假期，全国国内旅游出游1.02亿人次，按可比口径同比增长144.6%，恢复至疫前同期的94.5%。实现国内旅游收入271.68亿元，同比增长228.9%，恢复至疫前同期的56.7%。"五一"假期，国内旅游出游2.3亿人次，同比增长119.7%，按可比口径恢复至疫前同期的103.2%；实现国内旅游收入1132.3亿元，同比增长138.1%，按可比口径恢复至疫前同期的77.0%。

端午节假期三天（6月12—14日），全国国内旅游出游8913.6万人次，按可比口径同比增长94.1%，按可比口径恢复至疫前同期的98.7%。实现国内旅游收入294.3亿元，同比增长139.7%，恢复至疫前同期的74.8%。中秋节假期3天，累计国内旅游出游8815.93万人次，按可比口径恢复至2019年中秋假期的87.2%。实现国内旅游收入371.49亿元，按可比口径恢复至2019年中秋假期的78.6%。国庆期间，国内旅游出游5.15亿人次，按可比口径同比减少1.5%，按可比口径恢复至疫前同期的70.1%。实现国内旅游收入3890.61亿元，同比减少4.7%，恢复至疫前同期的59.9%（图5-1）。

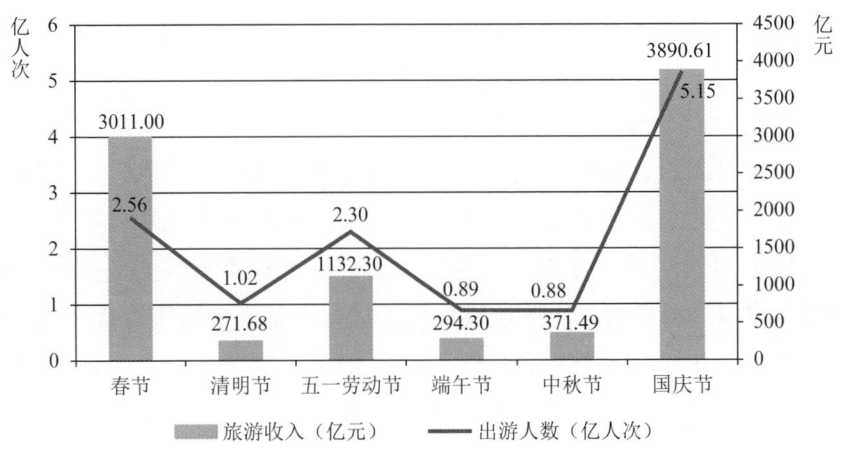

图 5-1　2021 年节假日出游人数和旅游收入

（二）假日旅游产品多样，红色旅游持续升温

节假日期间红色景区人气高涨，广大游客以特别的过年方式，迎接建党一百周年。春节期间，四川、江苏、湖南等地免费开放部分红色旅游景区吸引游客打卡游览，人民群众通过红色之旅，重温红色记忆、追寻红色足迹、品味红色文化、传承红色基因。

各地组织开展"守护2021清明祭英烈"主题宣传教育活动，游客纷纷走进革命纪念馆瞻仰英烈，接受革命传统和爱国主义教育。江西井冈山、河北西柏坡和陕西延安等红色旅游景区受到游客青睐。不少红色游景区推出"红色主题游"+"历史人文游"+"秀美山水游"的组合线路，让游客既可以欣赏到红色旅游带来的人文情怀，也可以学习历史人文知识，还可以在学习参观的同时体验生态之旅，旅游体验度大幅上升。根据中国旅游研究院（文化和旅游部数据中心）调查显示，全网红色旅游景区门票销售同比增长6成。

（三）假日旅游公共服务和综合治理以常态化疫情防控为主基调

节日期间，文化和旅游系统严格落实疫情防控责任制，坚持依法防控、科学防控、联防联控，有效防止疫情通过文化和旅游活动传播和扩散。春节假期七天，全国A级旅游景区开放数量始终保持在1万个以上，占全部A级旅游景区总数量的75%以上。北京、浙江、青海等多地图书馆、博物馆、文化馆实行延时闭馆，保障群众文化需求。认真落实"限量、预约、错峰"开放要求，持续推进门票预约制度。"五一"期间，全国5A级旅游景区接待游客约4800万人次。依托智慧旅游平台,各地对客流进行精准预测和管理,有效疏导、分流游客。调查显示,32.0%的游客体验了在线预订,33.0%的游客体验了扫码、刷脸等无纸化入园流程,98%的游客认可景区预约。

同时加强出入口、健康扫码区、重要游览点等关键节点管理,安排专人做好疏导、管控工作,严防聚集性感染。河北、吉林等地文化和旅游部门加强与当地疫情防控部门联动,完善疫情防控方案,开展应急演练。黑龙江文化和旅游部门及时申请,将导游、文化旅游场所工作人员纳入疫苗重点接种人群范围。

市场主体强化从业人员疫情防控培训,严格上岗工作规范,加强健康监测管理,强化自主防控。做好文化和旅游场所通风换气、清洁消毒和流量控制等工作。在旅游景区、公共文化场所、文化经营场所等认真落实疫情防控宣传要求,通过设置提示牌、播放宣传片等多种方式,积极引导公众遵守防控要求,做到戴口罩、少接触、常消毒,养成"一米线"好习惯。北京还通过"一日游"提示短信,向外地手机用户进京人员发送疫情防控、旅游安全、分时预约等提示信息200余万条。

二、扩大节假日消费典型案例

《中共中央关于制定国民经济和社会发展第十四个五年规划和二〇三五年远景目标的建议》提出,要全面促进消费,增强消费对经济发展的基础性作用,顺应消费升级趋势,提升传统消费,培育新型消费,适当增加公共消费。以质量品牌为重点,促进消费向绿色、健康、安全发展,鼓励消费新模式新业态发展。完善节假日制度,落实带薪休假制度,扩大节假日消费。

根据商务部研究院流通与消费研究所的研究成果,节假日已经成为全年消费实现的重要节点。从规模来看,当前节假日消费规模在全年社会消费品零售总额中占比约10%,考虑到近年来节假日消费增速高于全年社会消费品零售总额平均增速,这一比重有望继续提升。从结构来看,节假日消费中除购物、餐饮等传统消费之外,旅游、文化、体育等新兴消费蓬勃发展,服务消费已成为节假日消费的主要内容。

未来,随着我国消费升级持续推进,居民对发展和享受型消费需求将不断增强,服务消费占比也将进一步提升,节假日消费将成为释放居民消费潜力的重要方式。

(一)发放电子消费券,促进旅游假期消费

河南省为促进旅游假期消费,积极强化落实带薪休假制度,针对餐饮娱乐、文化旅游、住宿等受疫情影响较严重的行业发放电子消费券,鼓励景区门票实行优惠。

青海省印发《青海省加快发展流通促进商业消费实施方案的通知》,支持重点消费城市和各市州在主要商圈、步行街、城市地标等区域开设特色经营区,培育文化消费新业态,大力活跃假日消费。

(二)完善节假制度,落实带薪休假

2007年国务院出台了《职工带薪年休假条例》,保障劳动者的带薪休假合法权益。但在现实的执行过程中,较大比重的用人单位带薪休假制度落实不到位,劳动者不敢休、单位不让休等情况普遍存在,使劳动者享受带薪休假的意愿往往难以实现。

国家的"十四五"规划强调要落实带薪休假制度,能够促进旅游者错峰休假,让广大人民群众的旅游需求能够平缓释放,使旅游需求在全年的时间分布更为均衡,从而保障旅游产业的可持续发展,同时提升旅游者的消费体验。

在现有的节假日制度基础上,部分地区还积极探索实施周末"两天半"制度,也就是在周末两天休息之外增加周五下午半天的休息时间,最终实现周末2.5天弹性作息制度。在创新驱动的现代社会中,通过更具弹性的休假制度可以缓解劳动者压力、延长实际休假时间,从而增强旅游者的消费意愿,促进旅游业的可持续发展。

(三)特色旅游成市场热点

假日期间,特色小镇成为"超长黄金周"新宠。一些地处都市近郊的农业休闲特色小镇精心设计的传统农耕文化体验和亲子游乐项目,吸引了不少游客。位于安徽巢湖半汤街道的三瓜公社特色小镇,家长可以带着孩子在采摘园里完成采摘工作,亲子一同完成,成就满满。

夜间旅游也是假期的亮点。通过完善夜景、夜食、夜秀、夜游、夜购、夜娱、夜宿,河南各地进一步创新夜间经济发展形态。樱桃沟景区推出了"豫见·樱桃沟"夜游项目,假期累计接待游客18.55万人次,比2020年同期增长16.16%,实现旅游收入918.2万元,同比增长14.99%。

在湖南,红色旅游备受追捧,特色旅游热度不减。返乡游、家庭游、自驾游升温,文旅消费带动力进一步增强。在广西,3至5天的城市近郊游、自然

生态游成为假期旅游选择热点，乡村休闲游、文化游、古镇游等产品成为热门。新疆维吾尔自治区文化和旅游厅推出的 20 条乡村休闲旅游精品线路，也吸引了不少游客。在四川，文化过节、休闲过节特点明显，成都国庆中秋喜乐游暨洛水风华汉服节、印象嘉陵江·百姓大舞台等活动，丰富了游客的假日文化旅游生活。在桂林，印象·刘三姐、桂林千古情演出出现爆发性增长，演出场次最高每天分别增至 3 场、8 场，达到单日场次之最。